PORSCHE

BOXSTER & CAYMAN

Sophia Éditions
SAS au capital de 50 000 €
5, avenue de la République
75011 Paris – France
www.sophia-editions.com

Mise en page : Sophie Pujols
Suivi éditorial : Lise Chantelauze
Photo de couverture : © TIBO

(1re édition en octobre 2021)
Dépôt légal : octobre 2022
ISBN : 979-10-283-0541-3

MIXTE
Papier issu de sources responsables
FSC® C014138
FSC www.fsc.org

Cet ouvrage est imprimé en Union européenne sur un papier issu de forêts gérées durablement.

PORSCHE

BOXSTER & CAYMAN

SYLVAIN REISSER

E.T.A.I

(Photo Karine Bricout)

On a d'abord pensé à un canular. Lors du meeting Porsche 356 auquel nous participions, avec mon ami Pierre Gosselin, à Gmünd en Autriche, en 1998, des responsables du constructeur passaient de table en table, proposant d'acheter des actions de la maison. Quelle idée saugrenue ! La société présentait l'allure d'une vieille dame fatiguée et le jeune salarié que j'étais avait d'autres priorités en tête.

Nous étions à mille lieux de nous rendre compte que la marque, qui nous faisait rêver, traversait un passage à ce point délicat. Sans doute un peu déphasés par la passion qui nous animait, nous étions bercés aux exploits des prototypes 956 et 962 sur le circuit des 24 Heures du Mans que nous avions vécus aux premières loges, à la sonorité si caractéristique du flat-six de la 911 que nous étions capables de reconnaître, et aux succès des F1 McLaren à moteur TAG-Porsche que nous suivions à la télévision. On ne pouvait pas imaginer que Porsche deviendrait le constructeur le plus rentable de la planète. Une performance qui devait beaucoup au Boxster et à la 996 dont le développement et la production profitaient de nouvelles méthodes mises en place par Wendelin Wiedeking. Sous des traits débonnaires, l'homme n'était pas facile. Pour cause de prénom écorché dans une brochure présentant le meeting du cinquantenaire organisé à Deauville en 1998, il avait refusé de se rendre au dîner de gala et avait délégué Hans Riedel. Une anicroche dans un ciel bleu.

Les expériences avec la marque allemande qui suivirent furent marquées du sceau du ravissement. Le Boxster et la 996 coïncidaient avec mes premiers pas de journaliste. J'eus le privilège ensuite d'essayer la plupart des versions des générations qui se sont succédé. À chaque fois, des moments particuliers. À chaque fois, la même fascination pour les progrès accomplis, le reflet d'un savoir-faire indicible des ingénieurs et des motoristes. Porsche est vraiment une marque à part et j'espère que vous comprendrez pourquoi à travers les pages qui suivent. Elle a toujours réussi à surmonter les crises internes et les difficultés économiques qui ont jalonné son histoire. Ferry Porsche, son fondateur, avait peut-être raison quand il assurait que la dernière automobile serait une voiture de sport ?

Sylvain Reisser

(© Porsche AG)

SOMMAIRE

(© Porsche AG)

PRÉFACE

"Peu après la présentation au Salon de Detroit, nous avons reçu l'ordre de cesser immédiatement de nous pencher sur le design de série du Boxster", se souvient Grant Larson, le dessinateur en charge, à l'époque, de la réaction au premier concept du roadster à deux portes dévoilé en 1993. Mais pour nous, cela voulait dire: "Merci de continuer exactement comme avant."
Et c'est ainsi que l'histoire à succès du Boxster a commencé comme une nouvelle série de modèles en 1996. Un an plus tard, je rejoignais Porsche en tant que directeur de la marque chez Sonauto SA, l'importateur pour la France, à Cergy-Pontoise. J'étais encore un *rookie* dans l'entreprise, mais je me rendais déjà compte à quel point ce roadster constituait un tournant décisif pour notre marque. Il faut effectivement se rappeler qu'elle avait tutoyé les abysses au début des années 1990. Les ventes s'effondrent alors, notamment parce que la valeur du dollar américain est en chute libre. Les coûts de production des quatre séries de modèles techniquement indépendants (911, 944 et 968, sans oublier la 928) placent Porsche dans une situation financière dramatique. À cela s'ajoutent des processus inefficaces et l'utilisation de composants très différents. Quasiment aucune des vis n'était identique d'un modèle à l'autre. À cette époque, Porsche était un candidat au rachat pour les grands constructeurs automobiles.
Un groupe de jeunes managers a finalement inversé la tendance et relancé Porsche en se concentrant sur la 911 et en réfléchissant au principe du partage d'un maximum de pièces identiques, ce qui a donné naissance au Boxster. Outre Wendelin Wiedeking, à l'époque directeur de la production et de la gestion des matériaux, il s'agissait de Dieter Laxy, directeur des ventes, qui a renforcé la perspective client, et de Horst Marchart, directeur de la recherche et du développement. Ils ont décidé de créer une autre série de modèles à partir du concept automobile et des composants d'une nouvelle 911. Une deux-places avec une partie avant presque identique à celle de la 911, afin de séduire les jeunes acheteurs, notamment aux États-Unis. Une Porsche pour deux, une Porsche pour voyager.
Je me souviens encore de l'enthousiasme qui régnait à Zuffenhausen et de la force de cet esprit commun qui nous animait, ainsi que nos partenaires dans le monde entier. L'histoire nous a donné raison. Cette voiture biplace au prix attractif a conquis le cœur des jeunes clients et ouvert un nouveau segment de marché à Porsche. Dans le même temps, le Boxster s'inscrivait dans la continuité du concept réussi du moteur central de Porsche. Du premier roadster 356/1 de Porsche en passant par les voitures de course 550 et 718, tous sont les prédécesseurs de cette architecture de construction.
Alors que je poursuivais mon parcours chez Porsche avec plusieurs postes en France, aux États-Unis et finalement au siège social de Zuffenhausen, le roadster a continué d'élargir sa communauté de supporters. Aujourd'hui, je ne peux pas imaginer notre gamme de modèles sans cette voiture à succès. Nous avons fabriqué plus de trois cent soixante mille unités au cours des vingt-cinq années écoulées et fait le bonheur de clients du monde entier qui apprécient les expériences de conduite et qui aiment voyager. Les clients du Boxster ont un style de vie moins élitiste et sont généralement un peu plus jeunes que la moyenne des acheteurs de Porsche. En Chine en particulier, la plupart des clients sont des femmes.
C'est pourquoi je suis personnellement convaincu que la réussite du Boxster se poursuivra dans les années à venir. Avec de nouveaux concepts de transmission et en harmonie avec l'ADN de Porsche.
Levons nos verres aux vingt-cinq ans à venir!

Detlev von Platen, membre du directoire,
directeur des ventes et du marketing
Stuttgart-Zuffenhausen, mai2021

LES PREMIE
DE CO

RS SPYDERS URSE

AUX RACINES DU BOXSTER

Le Boxster s'inspire largement du spyder 550 tant au niveau de la ligne que de l'architecture à moteur central. (Photo TIBO)

Chez Porsche, l'histoire est omniprésente. Les projets se nourrissent toujours de références au passé. C'est ainsi que le concept Boxster présenté au Salon de Detroit de 1993 et la version de série qui va en découler évoquent immanquablement le fameux spyder 550 tant sur le plan du style que de l'architecture. Cette voiture de course naît à la suite de l'annonce, à l'automne 1952, de la Commission sportive internationale (CSI), l'ancêtre de la FISA, de lancer un championnat mondial des marques ouvert aux voitures de sport. La marque Porsche n'existe que depuis quatre ans, mais les succès acquis déjà en grand tourisme avec des 356 améliorées ne suffisent plus à contenter l'ambition de Ferry Porsche. S'il est encore un peu prématuré de croire qu'à Stuttgart on peut se frotter officiellement aux grands, il n'en reste pas moins que Porsche va poser les jalons d'une nouvelle ascension. Ferry Porsche sait bien que les succès de classe, en moins de 1 100 cm³ et jusqu'à 1 500 cm³, de ses 356 sont éphémères et qu'un jour ou l'autre les performances de ses voitures seront éclipsées par une concurrence de mieux en mieux armée. La naissance de la catégorie Sport est l'occasion pour Porsche d'ouvrir un nouveau front. La gestation de la nouvelle voiture est confiée à Wilhelm Hild, le responsable technique du service course, et au motoriste Ernst Fuhrmann.

DES COUPÉS AU MANS

Les 24 Heures du Mans sont l'objectif prioritaire de la saison 1953. Porsche ne laisse rien au hasard et s'adjoint même, pour la première fois, les services d'un directeur sportif. Huschke von Hanstein, vainqueur des Mille Miglia de 1940 au volant d'une BMW 328 et parfait connaisseur des hautes sphères sportives internationales, hérite du poste. Hild a réalisé une voiture ouverte, le terme spyder viendra plus tard, qui se différencie des productions existantes par deux points essentiellement. Le châssis est tubulaire – deux longerons et six entretoises – et le moteur n'est plus monté en porte-à-faux arrière, mais en position centrale. La nouvelle voiture reprend ainsi l'architecture utilisée par le premier modèle à porter l'écusson Porsche, le roadster n° 1 construit à Gmünd. Pour dessiner la voiture, l'équipe Porsche s'est inspirée des petites voitures Sport à moteur Volkswagen amélioré et des barquettes Porsche construites et pilotées, non sans réussite, par Walter

LA PORSCHE 356 ROADSTER N° 1, DÉJÀ LE MOTEUR CENTRAL

Reposant sur un châssis tubulaire en acier et supervisée par Ferry Porsche, la première voiture portant le nom de Porsche voit le jour en 1948 dans une ancienne scierie de Gmünd, en Autriche. Exemplaire unique, ce roadster qui peut être considéré comme le prototype de la 356 accueille son quatre-cylindres à plat de 1,1 litre d'origine Volkswagen en position centrale arrière. La carrosserie est en aluminium. Déjà, la première Porsche se signale par sa légèreté et sa simplicité de conception.

(Archives Porsche AG)

Glöckler, un agent Volkswagen de Francfort. C'est d'ailleurs son neveu, Elm, qui devait signer la première victoire du spider, sur le circuit du Nürburgring, dans le cadre des Coupes de l'Eifel.

En juin, Porsche débarque dans la Sarthe avec deux exemplaires de sa nouvelle Sport. Surprise : les véhicules ne sont pas équipés du quatre-cylindres à plat à quatre arbres à cames en tête que Fuhrmann est en train de développer, mais du classique 1 500 cm^3 qui affiche 78 ch. Pour compenser la modeste puissance, Porsche a eu l'idée de greffer une carrosserie aérodynamique de coupé sur les deux spyders de course. Elm Glöckler et Hans Herrmann se partagent le châssis numéro 550-001. Sur le châssis numéro 002, Von Hanstein a été prié de laisser sa place au Belge Paul Frère qui est associé au journaliste Richard von Frankenberg. Malgré la faible puissance, les coupés réussissent à tenir les 150 km/h de moyenne, flirtant avec les 200 km/h dans la ligne droite des Hunaudières. Rapidement la course tourne à une promenade de santé pour les coupés et, pour assurer la victoire de classe, Ferry Porsche passera l'ordre de ménager la mécanique. Ce ne sera pas pour déplaire aux pilotes qui se plaignent de l'exiguïté de l'habitacle et de la chaleur qui y règne. Les deux coupés réalisent un tir groupé aux quinzième et seizième rangs et remportent facilement la victoire de classe. La 002 termine devant sa sœur.

L'AVENTURE MEXICAINE

Sollicitée par Jaroslav Juhan, un ancien champion de moto tchèque émigré au Guatemala, l'usine vend les deux coupés, qui se retrouvent en fin de saison au départ de la Carrera Panamericana Mexicana, la course la plus dangereuse au monde. Organisée pour la première fois en 1950, l'épreuve mexicaine a été créée pour célébrer l'ouverture du tronçon mexicain de la Panaméricaine, un réseau de voies rapides qui relient l'ensemble des Amériques. À l'origine du projet, don Enrique Martín Moreno souhaite s'appuyer sur le retentissement international que ne manquerait pas de conférer l'épreuve sportive pour développer le tourisme et ouvrir des opportunités commerciales. Il reçoit l'appui des autorités fédérales et du gouvernement mexicain, ainsi que du président Miguel Alemán Valdés. La première édition n'est ouverte qu'à des voitures de série et n'intéresse que les campeadors locaux

ERNST FUHRMANN, COMPLICE DE LA PREMIÈRE HEURE

Né le 21 octobre 1918 à Vienne, Ernst Fuhrmann participe à la naissance de Porsche à Gmünd, en Carinthie, en 1947. Il contribue au développement de la monoplace Cisitalia 360 à moteur douze cylindres 1,5 litre avec Ferry Porsche. Au cours de l'année 1950, il obtient son doctorat en mécanique. Sa thèse portait sur les moteurs à hauts régimes et sur les problèmes de distribution. L'année suivante, Porsche le charge de développer une version hautes performances du moteur de la 356. C'est ainsi qu'il donne au jeune constructeur, qui s'est installé à Zuffenhausen, dans les faubourgs de Stuttgart, son premier véritable moteur de course. Il s'agit d'un quatre-cylindres à plat de 1 498 cm^3 à quatre arbres à cames en tête. En 1956, déçu de ne pas avoir été nommé directeur technique, il quitte Porsche. Au début des années 1970, lorsque Ferry Porsche décide d'écarter les membres des familles Porsche et Piëch de toutes fonctions exécutives, il fait appel à Fuhrmann pour prendre la direction de l'entreprise. Sous son impulsion, Porsche développe une gamme de sportives à moteur avant.

(Archives Porsche AG)

Deux ans après sa première participation aux 24 Heures du Mans, Porsche débarque dans la Sarthe en 1953 avec deux spyders de course habillés d'une carrosserie de coupé. (Photo Archives Porsche AG)

À la fin de la saison 1953, on retrouve les coupés 550 sous le soleil mexicain pour le marathon que représente la Carrera Panamericana. (Archives Porsche AG)

Le spyder 550 débarque à New York. À noter l'absence de dérive à l'arrière. (Archives Porsche AG)

Annie Bousquet est l'une des rares à avoir couru sur un spyder 550. Elle termina 2e de la Coupe des Dames du Tour de France Auto 1954 derrière la Porsche 356 de Mlle Thirion. (Archives Porsche AG)

ou nord-américains. Trente-deux concurrents s'affrontent durant neuf étapes réparties sur six jours. Près de trois mille cinq cents kilomètres représentant la partie mexicaine de l'axe reliant l'Alaska à la Terre de Feu en Argentine, du nord au sud du continent américain. À partir de 1953, la Carrera prend du galon. Elle compte pour le premier championnat du monde des marques de l'histoire. Ce label déplace cent soixante-douze participants dont les principales écuries, à l'exception de Jaguar. "Trop loin, trop cher", dira William Lyons. En l'absence de Mercedes parti relever un autre challenge, la victoire ne doit pas échapper à une voiture italienne. Chez Porsche, c'est la bérézina. Pas plus les coupés que les spyders engagés par l'usine pour Kling et Herrmann ne réussissent à tirer leur épingle du jeu.

Entre-temps, le spyder a été présenté pour la première fois au public lors du Salon de l'automobile de Paris, en octobre. La première barquette de course de la jeune firme de Stuttgart-Zuffenhausen est le 550e projet du bureau d'études Porsche fondé au début des années 1930 par Ferdinand Porsche, le père de Ferry. Le spyder 550 étrenne le premier véritable moteur Porsche de course. Œuvre d'Ernst Fuhrmann, cette mécanique est un quatre-cylindres à plat de 1 498 cm^3 de type super-carré, avec un alésage de 85 mm et une course ultracourte de 66 mm. Baptisé 547 en interne, ce bloc est entièrement en aluminium. Les parois internes des cylindres, eux aussi en aluminium, sont recouvertes de chrome dur. Le vilebrequin Hirth repose sur quatre paliers tourbillonnant sur des roulements à rouleaux.

Lors des 24 Heures du Mans 1954, l'écurie Porsche prend ses quartiers dans un garage du village de Teloché, près de Mulsanne.

La Carrera Panamericana est une course folle mais aussi une fête qui fait descendre les Mexicains sur les routes, au rythme des mariachis. Depuis la troisième place du spyder 550 d'Herrmann en 1954, Porsche décide d'annexer le label Carrera pour ses modèles les plus sportifs. (Archives Porsche AG)

La distribution est assurée par deux arbres à cames en tête de chaque côté. L'allumage comprend deux bougies par cylindre, commandées indépendamment. Équipé de deux carburateurs double corps inversés Solex 40 PJJ, le quatre-cylindres à plat développe 110 ch à 7 000 tr/min. Le couple culmine à 12,1 m.kg au régime élevé de 5 200 tr/min.

Le spyder 550 se dote de nombreux perfectionnements : pont autobloquant ZF, embrayage à commande hydraulique, nouveaux freins à tambour de 280 mm de diamètre. Autour d'un empattement de 2 100 mm, de voies de 1 290 mm à l'avant et de 1 250 mm à l'arrière, Porsche a réussi à réaliser une barquette assez trapue, de 1 150 mm de hauteur et de 4 360 mm de longueur. Le spider porte bien son patronyme. Reposant sur une carrosserie en aluminium, il ne pèse que 550 kg, soit 125 kg de moins que la plus allégée des 356 vues en course. En vue d'assurer une parfaite répartition des masses, qui a toujours été pour Porsche une priorité avec la légèreté, le réservoir d'essence et la batterie sont placés à l'avant.

PLACE AU QUATRE ARBRES

Le moteur quatre arbres Fuhrmann commence sa carrière en compétition en 1954. Avec Hans Herrmann et Herbert Linge, la barquette grise se classe sixième au général des Mille Miglia et remporte sa classe haut la main. L'euphorie est de courte durée. Au Mans, les spyders officiels disparaissent rapidement, à cause d'un dérèglement de l'allumage. C'est le spyder privé des Belges Claes et Strasse qui sauve l'honneur de la maison en terminant à la douzième place du général, empochant au passage la victoire de classe (de 1 101 à 1 500 cm^3). Porsche

24 Heures du Mans 1955 : l'équipe Porsche au complet sacrifie au tour de reconnaissance du circuit. Dans une épreuve marquée par l'accident le plus meurtrier de l'histoire de la compétition, les spyders réalisent un tir groupé aux 4e, 5e et 6e rangs. (Archives Porsche AG)

termine l'année en fanfare lors de la Carrera Panamericana. Hans Herrmann rejoint l'arrivée à la troisième place, derrière les deux puissantes Ferrari douze cylindres d'Umberto Maglioli et des Américains Phil Hill et Richie Ginther.

Alors que l'année 1955 est marquée par l'entrée en scène du rouleau compresseur Mercedes avec les fameuses barquettes 300 SLR, les Porsche Spyder 550 trustent les victoires de classe. Aux 1 000 Kilomètres de Buenos Aires, le Guatémaltèque Jaroslav Juhan réussit l'exploit de terminer dans le même tour que la Maserati A6 GCS, victorieuse de la catégorie 2 litres. Au Mans, la course s'annonce grandiose avec l'affiche Ferrari-Jaguar-Mercedes. Le samedi 11 juin à 18 h 28, l'épreuve tourne au drame lorsque, devant des tribunes combles, Mike Hawthorn (Jaguar Type D) double l'Austin-Healey pilotée par Lance Macklin avant de se rabattre à droite pour s'arrêter à son stand. Surpris, Macklin oblique légèrement sur la gauche. Derrière, Pierre Levegh, qui s'apprête à se faire prendre un tour par l'autre Mercedes 300 SLR pilotée par Juan Manuel Fangio, regarde sans doute dans son rétroviseur. Il voit trop tard la manœuvre de Macklin et percute l'arrière de l'Austin-Healey qui lui sert de tremplin. Devenue folle, la Mercedes décolle et se disloque littéralement en percutant la fascine gauche. Plus de quatre-vingts victimes seront relevées dans le public. Par crainte de gêner le va-et-vient des ambulances et des secouristes, le directeur de course Charles Faroux renonce à interrompre la course. L'épreuve ira à son terme et, sous une pluie battante, fait triompher les machines anglaises. La Jaguar verte de Mike Hawthorn et Ivor Bueb remporte l'édition 1955 devant l'Aston Martin DB3S de Paul Frère et Peter Collins et la

Jaguar Type D jaune paille de l'écurie belge de Jacques Swaters et John Claes. Les petits spyders 550 n'ont pas démérité, éclipsant même toutes les voitures de 2 litres. Ils réalisent un tir groupé aux quatrième, cinquième et sixième rangs. Premier des Porsche, l'équipage Richard von Frankenberg et Helmut Polensky enlève aussi l'indice de performance. Quelques semaines plus tard, comme si l'année n'avait pas déjà connu son lot de malheurs, James Dean se tue sur la route de Salinas (Californie) au volant de son spyder 550. La jeune star du cinéma américain devait participer à une compétition.

Reposant sur une carrosserie en aluminium, le spyder de course de Porsche brille par sa légèreté. Son poids est identique à son numéro de matricule. Les versions clients étaient plus lourdes d'une quarantaine de kilos. (Photo Dominique Fontenat)

L'AGILITÉ DU SPYDER BRILLE EN SICILE

À Zuffenhausen, Porsche ne relâche pas ses efforts et, s'il sait ne pas être de taille à lutter pour la victoire au général, il ne renonce pas à améliorer son spyder. Durant la saison 1956, la barquette de course se dote d'un châssis tubulaire allégé, de suspensions améliorées et de freins renforcés. Le quatre-cylindres Fuhrmann dont la puissance est portée à 135 ch est associé à une boîte à cinq rapports. Aux 1 000 Kilomètres du Nürburgring, le spyder réalise le doublé en 1500, se classant au quatrième et au sixième rang du général. Une semaine avant les 24 Heures du Mans, Porsche décide de participer à la Targa Florio qui ne compte pourtant plus pour le championnat mondial. Umberto Maglioli a réussi à convaincre Ferry Porsche de lui confier un spyder. La confiance est récompensée. Le spyder peint en blanc et discrètement décoré du drapeau italien ne quitte pas la tête de la course, dès le deuxième des dix tours. C'est la première fois que le spyder remporte une épreuve d'envergure internationale.

Barquette de course extraplate, le spyder 550 est réalisé autour d'un châssis tubulaire. La planche de bord dépouillée se contente de trois compteurs. (Dominique Fontenat)

Le sens de la communication ne date pas d'hier. Déjà en 1958, les deux spyders 718 RSK, reconnaissables à leur nouvelle carrosserie et à leur pare-brise plus enveloppant, et le spyder RS passent la ligne d'arrivée ensemble. (Archives Porsche AG)

Dans la Sarthe, la victoire revient de nouveau à Jaguar tandis que la RS, toujours aussi fiable, remporte la catégorie Sport 1500.
En 1957, on reprend presque les mêmes, Edgar Barth a rejoint l'écurie Porsche, et la moisson de succès se poursuit. Aux 1 000 Kilomètres du Nürburgring, le plus rapide des spyders (Barth-Maglioli) se classe quatrième au général. Dans la Sarthe, en juin, les spyders de course s'offrent des dérives à chaque extrémité du capot arrière, une carrosserie plus fluide, une suspension modifiée et un quatre-cylindres porté à 1 600 cm^3 (145 ch). Nous en reparlerons plus tard, lorsque qu'arriveront les 718 Boxster et Cayman, mais ces modifications suffisent à changer la dénomination des spyders 550 RS au profit de 718 RSK. Ces évolutions propulsent les nouvelles barquettes de course à près de 250 km/h dans la ligne droite des Hunaudières.
L'année suivante, von Hanstein particulièrement inspiré confie un spyder 550 RS à deux pigistes de luxe, Stirling Moss et

Jean Behra, aux 1 000 Kilomètres de Buenos Aires. Les deux champions finissent à la troisième place, derrière les deux Ferrari 250 TR officielles de Collins-Hill et de Gendebien-von Trips. *Bis repetita* aux 12 Heures de Sebring. Au volant d'une 718 RSK, l'équipage Seidel-Schell monte sur la troisième marche du podium. Adopté par l'ensemble de l'équipe Porsche, Jean Behra fait étalage de son talent sur les routes siciliennes de la Targa Florio en plaçant le spyder 718 RSK à la deuxième place, derrière la Ferrari 250 TR de Gendebien et Musso. Le déficit de puissance de la Porsche ne semble pas émouvoir Behra placé à la sixième place sur la grille de départ des 1 000 Kilomètres du Nürburgring, au milieu des puissantes Ferrari et Aston Martin. La casse d'un siège de soupape coupe net l'espoir d'un nouveau podium qui se dessinait. Un mois plus tard, en juin 1958, au Mans, les déboires allemands ne sont plus qu'un lointain souvenir. Les deux 718 RSK de Behra-Herrmann et de Frère-Barth réalisent un tir groupé au troisième et au quatrième rang. Porsche engrange des points qui lui valent à l'heure des comptes la deuxième place du championnat mondial, derrière Ferrari.

Décidément, le poids des années ne semble pas avoir d'incidence sur les performances des Porsche. Malgré des Sport 3 litres revues et corrigées, à Sebring, le 21 mars 1959, les spyders 718 RSK bien menés sont encore capables de prouesses. Bonnier et von Trips se classent troisièmes au général, premiers des Sport 2 000. En Sicile, le constructeur allemand domine son sujet. Engagée en nombre, la marque de Zuffenhausen monopolise les quatre premières places. Edgard Barth et Wolfgang Seidel remportent l'épreuve au volant d'un spyder 718 RSK devant la 550 RS de Mahle, Straehle et Linge. La 356 Carrera de von Hanstein et Pucci complète le podium. À Goodwood en septembre, pour le Tourist Trophy, les barquettes passent près de l'exploit. Aux essais, Barth s'était approché à une seconde du meilleur temps de la Ferrari 250 TR de Gurney. En course, Bonnier et von Trips terminent à la deuxième place. Pour la seconde année consécutive, Porsche termine deuxième du championnat mondial, *ex aequo* avec Ferrari. Grâce à ses succès dans trois épreuves dont les 24 Heures du Mans, Aston Martin ceint la couronne mondiale. Dans la Sarthe, le constructeur de Zuffenhausen essuie un échec cuisant. Aucune des six voitures engagées ne rallie l'arrivée. Jamais depuis ses débuts au Mans en 1951, la marque allemande n'avait enregistré une telle contre-performance.

Pour améliorer l'efficacité aérodynamique à haute vitesse, la 718 RSK s'offre deux dérives verticales à chaque extrémité du capot arrière. (Archives Porsche AG)

UN FOISONNEMENT D'OBJECTIFS

Au début des années 1960, une nouvelle ère paraît s'ouvrir. Jaguar et Aston Martin se sont retirés. Les instances sportives semblent vouloir promouvoir les voitures de grand tourisme au détriment des Sport. Chez Porsche, cette période foisonne de projets. Encouragé par les succès commerciaux des 356 et les résultats sportifs de ses spyders, le constructeur de Zuffenhausen vise de nouveaux challenges. Cela laisse rêveur aujourd'hui. Grand tourisme, Sport, endurance, montagne, F2 et même bientôt F1 : la panoplie des objectifs est on ne peut plus complète. En Sport, les spyders sont toujours d'actualité, mais les techniciens savent bien que, pour défendre les positions, les performances doivent progresser. Porsche n'a pas non plus envie de revivre l'humiliation du Mans 1959. Pour la saison 1960 naît une 718 RS 60. Techniquement plus évoluée que la RSK dont elle reprend l'expérience acquise avec les monoplaces de Formule 2, la RS 60 se distingue de ses prédécesseurs par un empattement allongé de 100 mm. Non content d'offrir plus de confort au pilote, le nouvel empattement contribue à améliorer la tenue de cap dans les longues lignes droites. Sur le même schéma que la 718 RSK, la suspension avant de la RS 60 s'appuie sur deux bras de manivelle longitudinaux faisant office de leviers porteurs ; à l'arrière, des leviers triangulés en biais supportent l'essieu à double cardan. La carrosserie évolue en douceur, adoptant un capot avant plus arrondi et plongeant et, d'autre part, une dérive aérodynamique semblable à celle qui équipait la Jaguar Type D et qui est placée derrière le pilote. En revanche, le nouveau spyder perd en grande partie le bénéfice des progrès accomplis dans le domaine de l'aérodynamique en raison de la nouvelle réglementation imposée par la CSI. Celle-ci impose, de façon

LA FORMULE 2, PRÉFACE À LA F1

La résurrection de la Formule 2, 1 500 cm³ – à compter du 1er janvier 1957 – permet à Porsche de s'essayer à la monoplace. Aux spyders revus et corrigés des débuts succède bientôt un spyder à conduite centrale. Équipée du quatre-cylindres quatre arbres, cette monoplace remporte coup sur coup en 1958 la course disputée en prologue du Grand Prix de France avec Jean Behra et le Grand Prix de Berlin avec Masten Gregory. L'annonce concomitante d'un véritable championnat F2 estampillé FIA et l'entrée en vigueur du nouveau règlement F1 avec moteur 1500 à partir de 1961 incitent Porsche à s'engager. À partir de Monaco 1961, la monoplace 787/F2 remplace les 718/F2 équipées du flat-4. Le huit-cylindres n'étant pas prêt, ces dernières défendent les couleurs Porsche durant toute la saison de F1 1961.

(Archives Porsche AG)

absurde, que la hauteur du pare-brise soit de 25 cm et que le capot arrière abrite un coffre à bagages. Sur les circuits rapides, le déficit se chiffre à environ 8 km/h en vitesse de pointe.

Dans le domaine de la motorisation, les RS 60 recourent au bloc type 547 à quatre arbres à cames en tête dont la cylindrée est poussée à 1 588 cm³ par une augmentation de l'alésage. Avec un taux de compression de 9,8 : 1, la RS 60 en version compétition-client, équipée de deux carburateurs inversés double corps Weber 46 IDM-1, affiche une puissance de 150 ch à 7 800 tr/min. En portant la cylindrée à 1 606 cm³, les versions usine revendiquent une puissance de 165 ch au régime de 8 000 tr/min. Hormis quelques détails de traitement, le moteur quatre cylindres est commun aux deux versions. La saison 1960 débute sous les meilleurs auspices. Avec l'ancienne 718 RSK, Graham Hill et Joachim Bonnier accrochent la troisième place des 1 000 Kilomètres de Buenos Aires. Deux mois plus tard, à Sebring, sous le soleil de la Floride, la débâcle des Ferrari Testa Rossa et des Maserati Birdcage profite à Porsche. Olivier Gendebien et Hans Herrmann font triompher pour la première fois la RS 60 devant la voiture sœur de Holbert, Schechter et Fowler. Sur sa lancée, la firme de Zuffenhausen remporte une nouvelle fois la Targa Florio. Une victoire à mettre au crédit du Suédois Joakim Bonnier secondé par Hans Herrmann. La RS 60 remporte l'épreuve avec une avance de six minutes trois secondes sur la Ferrari de von Trips et Phil Hill.

L'habitacle de la 718 RS 60 est proche de celui du spyder 550 mais l'instrumentation est disposée différemment et le pare-brise est plus grand que celui de la RSK. (Photo Dominique Fontenat)

Associé cette fois au Belge Olivier Gendebien, Bonnier place, sous un brouillard tenace, la RS 60 à la deuxième place des 1 000 Kilomètres du Nürburgring, à quarante-quatre secondes seulement de la Maserati Tipo 61 de Moss et Gurney. Dans la Sarthe, les spyders sont méconnaissables. En prévision des Hunaudières, les techniciens ont recouvert le capot moteur arrière d'un imposant coffrage tandis que les projecteurs

En 1960, Porsche lance un spyder passablement évolué sous l'appellation 718 RS 60. L'empattement est allongé de 100 mm et le quatre-cylindres quatre arbres fournit jusqu'à 180 ch dans une variante de 1,7 litre. (Photos Dominique Fontenat)

d'appoint sont encastrés dans le bouclier avant. La prestation des Porsche est écourtée, à la suite de casses mécaniques.
Au sein du service compétition, la cause est entendue. Les spyders sont arrivés au bout de leur développement. Le jeune constructeur n'a pas à rougir. En quatre ans, les barquettes quatre cylindres ont apporté trois titres européens de la Montagne, trois victoires absolues à la Targa Florio et même un succès aux 12 Heures de Sebring. Mais, pour taquiner davantage Ferrari, Porsche doit changer de braquet. C'est ainsi que, pour servir les ambitions de la maison en Formule 1, le motoriste Hans Mezger est chargé de développer un huit-cylindres 1 500 cm^3 qui pourrait évoluer à 2 litres. Des spyders passablement remaniés vont servir de banc d'essai à la nouvelle motorisation. Sa gestation est plus laborieuse que prévu. S'il tournait au banc dès décembre 1960, le huit-cylindres ne fait ses débuts officiels qu'à la fin du mois de mai 1962 au Grand Prix des Pays-Bas. Dans l'intervalle, Porsche a donné naissance à une nouvelle évolution de sa voiture de Sport qui serait en mesure d'accueillir la mécanique de F1.

DES PROTOTYPES DÉGUISÉS

À l'aube de la saison 1962, la Commission sportive internationale prend l'initiative de déposséder de leurs prérogatives les voitures de Sport et de confier le championnat du monde des marques aux voitures de grand tourisme. Déstabilisé et sans doute furibond de ne pas avoir été consulté, l'Automobile Club de l'Ouest, qui jouissait d'un rôle de leader en matière de courses d'endurance, sauve la face en innovant avec la création, sur la base des anciennes Sport, d'une nouvelle catégorie dite "Prototypes" ou "Expérimentales". La nouvelle Porsche chargée de recevoir le huit-cylindres répond à la nouvelle réglementation de l'ACO. Il est vrai que la dernière évolution du spyder RS (RS 61) semble un jouet à côté de la nouvelle voiture dont l'empattement est porté à 223,5 cm et qui se dote d'un imposant coffrage sur la partie arrière. L'ingénieur Wilhelm Hild, avec l'aide de "Butzi" Porsche, a construit trois modèles spéciaux, deux coupés et un spyder. Dénommés 718 W-RS, ces véhicules s'adaptent au mieux aux contraintes des nouveaux règlements.

La première apparition du nouveau spyder à la Targa Florio est récompensée par une deuxième place, ne concédant que quatre minutes vingt-quatre secondes à la Ferrari 246 SP victorieuse de Gendebien et von Trips. Au Mans 1961, les voitures ont encore le quatre-cylindres quatre arbres, mais sa cylindrée est portée à 2 litres. Après deux tours d'horloge de course, le constructeur allemand célèbre les dix ans de sa première participation au Mans par une victoire en catégorie 2 litres. Pour la première fois dans leur histoire mancelle, les deux meilleures Porsche ont franchi la barre des 4 000 kilomètres en parcourant 4 154,460 km (173,103 km/h de moyenne) avec le spyder de Gregory et Holbert. Une page se tourne.
À Zuffenhausen, durant l'hiver 1961-1962, ingénieurs, motoristes et techniciens sont mobilisés pour préparer la saison 1962 et surtout fiabiliser le huit-cylindres. Le spider 718 W-RS a encore été revu. Le gros coffrage arrière a disparu et les deux rangées de carburateurs sont désormais placées sous deux bossages aérés pour faciliter leur refroidissement. Le huit-cylindres dispose d'une cylindrée de 2 litres et du double allumage. Après augmentation du diamètre des soupapes et allégement de toutes les parties mobiles, il revendique une puissance de 210 ch. Le poids du véhicule ne dépasse pas 585 kg. La 718 W-RS peut désormais espérer jouer les premiers rôles dans certaines épreuves. Cela va être encore le cas sur les routes de la classique sicilienne où la légèreté et l'agilité légendaires des Porsche font merveille. Après s'être montré longtemps menaçant, le coupé 718 de Bonnier et Vaccarella engagé par la Scuderia Serenissima s'inclina face aux prototypes Ferrari à moteur V8 et V6, faute de freins. Dans le massif de l'Eifel favorisant les grosses cylindrées, le coupé 718 à moteur huit cylindres montra une sacrée pointe de vitesse. Qualifiée au troisième rang, la Porsche opposa une résistance énergique aux Ferrari avant de devoir lever le pied en raison de soucis de boîte de vitesses.

Dernière évolution du spyder 550, le spyder W-RS illustre des ambitions décuplées de Porsche. Apparu en 1961, ce gros spyder perd son imposant coffrage pour la saison 1962. On le voit notamment aux 1 000 Km du Nürburgring et à la Targa Florio. (Archives Porsche AG)

HUIT VAUT MIEUX QUE QUATRE

Que va décider Porsche pour la saison sportive 1963 ? Le maigre bilan des prestations des Formule 1, pourtant sauvé par la victoire inattendue de Dan Gurney au Grand Prix de France à Rouen le 8 juillet, pousse la firme à quitter la scène des Grands Prix. Ce retrait résulte de la volonté de ne pas disperser ses forces. Le constructeur allemand n'a pas l'intention de quitter la compétition, mais les efforts doivent être rationalisés. Il n'est plus question de courir plusieurs lièvres à la fois. Encore jeune entreprise, Porsche ne dispose pas de ressources illimitées. Dans le domaine de la production de série, Ferry Porsche a lancé l'étude à la fin des années 1950 d'une nouvelle voiture de sport qui va avoir pour mission, par ses prestations, de se placer au-dessus de la 356 et de la remplacer. Aussi, à l'aube de l'année 1963, si Porsche n'a pas l'intention de renoncer aux épreuves d'endurance, qui assurent de solides retombées, il se contente d'adapter le matériel existant aux nouvelles normes des prototypes. C'est ainsi que le coupé et le spyder sont affinés. L'utilisation intensive de l'aluminium et de matériaux plastiques (capot, portières) a permis d'alléger l'ensemble à 764 kg pour le spyder et à 784 kg pour le coupé. Associé à une boîte à six rapports, le huit-cylindres arrive à délivrer jusqu'à 230 ch en fin de saison. Le coupé voit son empattement augmenter de 105 mm, ce qui amène le poids à 717 kg. C'est de nouveau en Sicile, un terrain qui lui a si souvent réussi, que l'usine Porsche effectue sa rentrée avec le spyder et le coupé. Ce dernier, piloté par l'équipage Bonnier-Abate, donne la victoire à Porsche après la glissade de la Ferrari V6 de Willy Mairesse sur l'asphalte piégeuse.

Les deux 718 W-RS se retrouvent au départ des 1 000 Kilomètres du Nürburgring. L'artisan de Maranello a bien l'intention de prendre sa revanche ; Porsche veut confirmer sa prestation sicilienne. Dame Chance est capricieuse. Les ennuis des Ferrari 3 litres ne profitent pas longtemps à la Porsche de tête pilotée par Phil Hill. Peu après la mi-course alors qu'il mène la danse, l'Américain sort de la piste après un blocage de roues consécutif à une erreur dans la sélection des rapports. Dans la Sarthe, seule la 718/8 spyder de Barth et Linge sauve l'honneur de la maison, terminant à la huitième place du général, mais empochant la victoire de classe (1 601 à 2 000 cm³). Impliqué dans un accident, le coupé de Bonnier et Maggs abandonne à la neuvième heure. Avant de rejoindre le musée avec les coupés, le spyder W-RS dispute sa trente-troisième et dernière course à Prescott le 5 septembre 1964. À son volant, Edgar Barth est battu d'un cheveu par la monoplace de Peter Westbury. C'est aussi la dernière du pilote allemand. Emporté par un cancer, il s'éteint le 20 mai 1965, quelques jours avant les 1 000 Kilomètres du Nürburgring. Chez Porsche, un nouveau chapitre s'est déjà ouvert. Les intérêts sportifs sont désormais entre les mains de la 904 GTS, une berlinette à carrosserie plastique qui va servir de rampe de lancement à une lignée de prototypes. Quant à la 911, née 901 à l'automne 1963, elle est à l'aube d'une grande carrière qui va l'amener à défendre la renommée sportive de la marque dans une multitude de disciplines.

Longtemps 6es, Barth et Linge rétrogradent finalement à la 8e place des 24 Heures du Mans 1963 au volant du spyder 718 W-RS équipé du huit-cylindres à plat de la F1. (Archives Porsche AG)

Heini Walter au départ de la course de côte du Mont Ventoux 1962 avec la 718 W-RS. Au volant de ce spyder modifié, Edgar Barth remporta le championnat d'Europe de la montagne en 1964. (Archives Porsche AG)

LA DIVERSI

FICATION
UNE FIGURE IMPOSÉE

Heinz Nordhoff, le président de VW, signe en 1966 un accord avec Porsche en vue de l'étude et la production d'un véhicule commun. (Archives Volkswagen)

À la fin de la décennie 1960, Porsche, malgré son jeune âge, est déjà une entreprise réputée et respectée. En à peine vingt ans, ses productions sont devenues des références en termes de qualité et de performances. Sur la scène sportive également, le constructeur allemand accumule les trophées et ses modèles sont désormais en mesure de viser les premières places dans toutes les épreuves où ils s'engagent. Ces succès ne peuvent cependant dissimuler des faiblesses. La production ne repose désormais que sur la 911. Certes, le nouveau modèle a été bien accueilli par la presse et une gamme s'est rapidement constituée autour de deux carrosseries (coupé et cabriolet Targa) et de plusieurs cylindrées, mais les volumes restent faibles. La production ne dépasse pas 330 unités en 1965, 1 708 en 1966, 4 152 en 1967. En raison d'une hausse de prix significative par rapport à la 356, une frange des fidèles de la première heure se détourne du nouveau modèle.

Les fragilités de Porsche sont exacerbées par le renforcement de la concurrence et les nouvelles normes de sécurité et de pollution de l'air imposées par les États-Unis, son principal marché. Ce durcissement pousse les ingénieurs à consacrer 30 % de leur temps à résoudre les problèmes que posent ces futures réglementations. Face aux nouveaux défis à relever, le comité de direction de Porsche se convainc de la nécessité de diversifier sa production. L'enjeu est à la fois de mettre fin à sa dangereuse dépendance de la 911 et d'élargir sa gamme avec un modèle plus accessible, tant sur le plan de l'achat que sur celui du budget de fonctionnement. Ses ressources limitées lui imposent de lancer ce programme ambitieux en coopération avec un autre constructeur. C'est l'occasion pour Porsche de resserrer ses liens avec Volkswagen. Dès 1966, Ferry Porsche signe un accord avec Heinz Nordhoff, le grand patron de la firme de Wolfsburg, en vue de l'étude et de la production d'un modèle commun. En parallèle, les deux constructeurs collaborent déjà ensemble, notamment pour le remplacement de la Coccinelle dont la conception remonte à 1936 et dont les ventes avaient chuté au point de mettre en péril la survie de la firme de Wolfsburg. Nordhoff est un personnage complexe. Sans doute pétrifié par l'enjeu, il s'avère incapable d'ordonner le remplacement de la Cox. Même la simple proposition de la doter d'une boîte de vitesses recourant au système de synchronisation Porsche est refusée. Plutôt que de lancer un nouveau modèle, Nordhoff essaie plutôt d'obtenir du gouvernement fédéral allemand que les acheteurs d'une Volkswagen neuve soient dispensés de certaines taxes. Nordhoff décède le 12 avril 1968 sans avoir pris aucune décision.

LE RETOUR DU MOTEUR CENTRAL

Les essais des premiers prototypes portant le matricule 914 débutent au premier trimestre 1968. La disparition de Nordhoff ne remet pas en cause le projet, mais son successeur, Kurt Lotz, modifie quelques données de la future voiture qui ont pour conséquence d'augmenter légèrement son coût de fabrication. La commercialisation de la 914 a nécessité la constitution d'une société commune détenue à parts égales par Porsche et Volkswagen, la VW-Porsche

LA PORSCHE 911, L'ESPRIT DE CONQUÊTE

Au Salon de Francfort de 1963, Porsche présente la 901, un coupé de grand tourisme plus grand et plus luxueux. Dessiné par Butzi Porsche, le nouveau modèle, rebaptisé 911 sous la pression de Peugeot qui avait déposé toutes les numérotations à trois chiffres avec un 0 au milieu, ne peut dissimuler sa filiation avec la 356. Si l'architecture à moteur arrière est conservée, un six-cylindres à plat de 2 litres de cylindrée remplace le flat-4. Il fournit 130 ch. La 911 fait entrer Porsche dans une nouvelle ère. Symbolisant la montée en gamme du constructeur, ce véhicule, en dépit de quelques défauts de jeunesse (tenue de cap instable), est bien accueilli par la presse et les automobilistes.

(Archives Porsche AG)

Attribuée au designer Ferdinand-Alexander Porsche dit "Butzi", la deuxième maquette de style réalisée en 1966 pour le projet 914. (Archives Porsche AG)

Vertriebsgesellschaft GmbH. La production est assurée par le carrossier allemand Karmann. Elle débute dans la foulée de sa présentation à l'occasion du Salon de Francfort de septembre 1969. La carrosserie fait l'impasse sur le logo Porsche et n'affiche que la signature "VW-Porsche" sur le panneau arrière, près du feu droit. Volonté de brouiller les pistes ? En fonction des marchés et de l'image de chacune des marques, il avait été décidé de vendre la 914 soit par le réseau Porsche soit par celui de Volkswagen. Ce partage des rôles à géométrie variable a contribué à entretenir la confusion dans les esprits. La 914 devait-elle plus à Volkswagen qu'à Porsche ou était-ce l'inverse ?

Pour s'assurer une grande diffusion, le nouveau modèle emprunte sa motorisation à la Volkswagen la plus puissante, la 411. Ses caractéristiques font sourire aujourd'hui. Il s'agit du quatre-cylindres à plat de 1 679 cm³ affichant une puissance de 80 ch à 4 900 tr/min et un couple de 13,6 m.kg à 2 700 tr/min. Le vilebrequin tourne sur quatre paliers, l'arbres à cames

La troisième maquette de style réalisée par Heinrich Klie à l'été 1966 préfigure le style de la Porsche 914. Le toit Targa est déjà présent. (Archives Porsche AG)

La 914 effectue sa première apparition publique à l'occasion du Salon de Francfort 1969. (Archives Porsche AG)

Comme le spyder 550 et plus tard le Boxster, la 914 dispose d'une architecture à moteur central. (Archives Sylvain Reisser)

est central, les culasses sont en alliage léger. La principale originalité de ce groupe refroidi par air réside dans son alimentation par injection électronique Bosch. Il est accouplé à une boîte Porsche à cinq rapports synchronisés, commandée par un levier central et un embrayage monodisque à sec.

Pour faire oublier, autant que possible, les origines de la mécanique, mais également pour assurer une cohérence de gamme et l'héritage direct de la compétition, Ferry Porsche retient l'architecture à moteur central, universellement adoptée pour les voitures de course. Son châssis formant coque est constitué par la plateforme et les éléments de carrosserie en tôle d'acier. La suspension avant est calquée sur celle de la 911 : leviers transversaux, barres de torsion longitudinales. L'arrière présente une disposition assez classique à roues tirées, avec ressorts hélicoïdaux et amortisseurs télescopiques. Les roues de 15 pouces ne manquent pas de surprendre à une époque où même les berlines tendent à s'équiper de 13 pouces.

La morphologie de la 914 détonne à côté de la 911. À la différence de la voiture de sport qui repose sur une architecture 2 + 2, la nouvelle création commune de Volkswagen et Porsche est une stricte deux-places. Ses lignes anguleuses ne sont pas l'œuvre de Ferdinand-Alexander Porsche, le fils aîné de Ferry Porsche, qui a dessiné la 904 GTS et la 911, mais de Heinrich Kies. Elles rompent avec les canons Porsche. Les dimensions de la 914 sont modestes. Elle mesure à peine 3,98 mètres de long, soit 180 mm de moins qu'une Porsche 911. L'accessibilité mécanique par une trappe très étroite a été négligée. En revanche, la présence du toit escamotable d'un maniement facile est très appréciée. La presse loue la facilité d'accès à bord, le volume généreux de l'habitacle et les deux coffres à bagages. L'équipement réduit au minimum est cependant traité avec un grand soin.

LA 911 DONNE SON FLAT-SIX

Dans son premier compte rendu d'essai publié dans le magazine *Sport Auto*, José Rosinski explique "qu'il faut attendre davantage de satisfaction sur le plan des qualités routières que sur celui de la mécanique. Un certain nombre de berlines de série sont en effet aussi nerveuses et aussi rapides que la 914. Mais aucune ne peut prétendre offrir le plaisir de conduite d'un coupé deux places à moteur central."

Pour contenter sa clientèle la plus sportive, Porsche a pris soin de développer une version recourant au six-cylindres à plat de l'ancienne 911 T. Ce moteur 2 litres alimenté par deux carburateurs Weber inversés à triple corps délivre la puissance de 110 ch à 5 800 tr/min. Les deux modèles possèdent une boîte manuelle à cinq rapports. Conscient que le châssis pouvait accepter plus, l'importateur français commercialise en 1971 un kit faisant grimper la puissance à 150 ch.

En parallèle du Salon de Francfort 1969, Porsche convie la presse à essayer les deux modèles. Seuls quelques éléments permettent de les distinguer : le compte-tours de la 914/6 est gradué jusqu'à 8 000 tr/min et le tachymètre jusqu'à 250 km/h ; l'essuie-glace compte trois vitesses contre deux ; l'arceau gainé de cuir noir plutôt que peint ; les pneumatiques de plus grande dimension et le discret sigle à l'arrière. Les freins de la 914/6 sont un peu plus grands et ventilés

Afin d'accompagner la carrière commerciale de la 914, Porsche multiplie les publicités dans la presse. (Archives Sylvain Reisser)

à l'avant. Les voies avant et arrière sont élargies et il en est de même pour la hauteur à vide, 1 220 mm pour la 914/4 et 1 230 mm pour la 914/6. La 914/6 s'est alourdie de 40 kg (940 kg) par rapport à la 914/4. La 914/4 plafonne à 175 km/h tandis que la 914/6 flirte avec les 200 km/h. La version économique à moteur 1,7 litre souffre de performances limitées, surtout sur le plan de la nervosité. Les automobilistes doués d'une sensibilité plus développée en matière de véhicules sportifs ont toujours trouvé étrange que Porsche recourt à l'architecture du moteur central avec deux places, garantissant un comportement très sportif, pour ses modèles les moins puissants. En effet, cette architecture entraîne des inconvénients en matière d'habitabilité que les conducteurs les plus sportifs sont certes préparés à accepter dans la mesure où, en revanche, elle est techniquement la plus efficace, mais qui constituent un obstacle évident pour les clients les moins puristes. Au-delà de l'agrément et des dispositions sportives, le tarif départage également les deux 914. Fin novembre 1969, la 914/4 est annoncée à 21 500 francs, la 914/6 à 34 800 francs. La première 911 dépasse les 40 000 francs.

PORSCHE OUVRE LE SCORE AU MANS

Fin 1969, Porsche peut bien brandir un titre de champion du monde dans les courses d'endurance, il court toujours après son premier succès aux 24 Heures du Mans, l'épreuve reine du sport automobile. L'événement faillit se produire quelques mois plus tôt, mais Hans Herrmann s'est fait souffler la victoire dans le dernier tour par le rusé Jacky Ickx. Cent vingt mètres séparaient les deux voitures sur la ligne d'arrivée. Pour l'édition 1970, Porsche peut désormais s'appuyer sur une armada de prototypes 917 dont les défauts de jeunesse ont été corrigés. Au bout de vingt-quatre heures de course, c'est bien une 917 qui passe la première la ligne, mais pas celle que l'on attendait. Il s'agit de la moins rapide des essais, une version 4,5 litres à carrosserie courte engagée par Porsche Salzburg pour Hans Herrmann et Richard Attwood. Le dimanche soir, le pilote anglais est si fatigué qu'il écourte sa présence lors du dîner que Porsche a organisé pour célébrer sa victoire. Attwood apprend le lendemain qu'il a gagné avec les oreillons.

(Archives Porsche AG)

UN SUCCÈS COMMERCIAL CONTRASTÉ

En Europe, Porsche a beau multiplier les initiatives, notamment en confiant des 914 à Andersson, Waldegaard et Larrousse au Monte-Carlo 1971, la greffe ne prend pas. Si la 914 a d'emblée été bien accueillie aux États-Unis où elle représente plus de 20 % des ventes totales de Porsche, son succès est plus mitigé en Europe. La clientèle est plus critique et déjà fidélisée à la 911. Le tarif de la 914/6 est trop proche de celui de la 911 T plus prestigieuse, plus polyvalente et plus puissante. Et les défauts de la biplace à moteur central, trop nombreux, ne sont pas corrigés : commande de boîte imprécise, frein à main mal conçu, problèmes de démarrage à chaud, consommation élevée, inconfort des suspensions, rayon de braquage insuffisant et des freins exigeant une forte pression sur la pédale. Avec le temps, les propriétaires découvrent que la 914 est aussi sujette à la corrosion générale.

La disparition du catalogue de la 914/6 fin 1972, à la suite du durcissement des normes de dépollution aux États-Unis, conduit Porsche à revoir entièrement la gamme. À la place du six-cylindres à plat, les ingénieurs installent un nouveau quatre-cylindres à plat Volkswagen. Par une augmentation

Si la 914 détonne dans la gamme Porsche avec sa carrosserie moderne carrée et ultraplate, la version six cylindres 2 litres est empruntée à la 911 T. (Archives Porsche AG)

Le marché américain aura assuré l'essentiel des volumes de la 914. Sa commercialisation est arrêtée en 1976. (Archives Porsche AG)

simultanée de l'alésage et de la course, sa cylindrée passe de 1 679 à 1 971 cm³. Il délivre désormais 100 ch à 5 000 tr/min. Par rapport à la 914/6, si la perte de puissance est limitée à 10 ch, la valeur de couple est pratiquement égale. Annoncée à 195 km/h, la vitesse de pointe rivalise avec celle du six-cylindres. Porsche profite de la refonte de la gamme pour raccourcir la jupe de 70 mm et pour installer des blocs de pare-chocs uniformément noirs et non plus chromés. Le tarif est fixé à 28 500 francs pour le modèle standard et à 32 000 francs pour la version Luxe comprenant des roues en alliage léger, une barre antiroulis et une console centrale intégrant une instrumentation supplémentaire. En 1972, une 911 2,4 S est inscrite au catalogue à 66 000 francs. Handicapée par une fonctionnalité et une polyvalence limitées autant que par un agrément que beaucoup considéraient peu en adéquation avec celui d'une vraie Porsche, la 914 quitte la scène européenne en fin d'année 1975. Elle poursuit sa carrière encore quelques mois aux États-Unis dont le marché absorbera 75 % de la production. Au final, Porsche aura produit moins de trois mille cinq cents 914/6 et un peu plus de cent dix-huit mille versions à moteur quatre cylindres 1,7 litre et 2 litres.

L'arrêt de la production ne signifie pas la fin de la diversification. Bien au contraire. Porsche ne peut pas se payer le luxe de faire reposer l'intégralité de sa croissance sur les épaules de la 911. L'entreprise de Zuffenhausen peut encore une fois s'appuyer sur la firme de Wolfsburg, même si les relations ne sont plus ce qu'elles ont été. La nouvelle direction de Volkswagen a pris ses distances avec Porsche, rendue injustement responsable de l'immobilisme technique dans lequel stagnait Volkswagen. Le projet Porsche 726 (VW EA 266) de voiture à moteur arrière sous le plancher sera finalement annulé et les prototypes détruits. La naissance du groupe VAG en 1971, avec l'union de Volkswagen et d'Audi, issue du rattachement d'Auto Union avec NSU, change la donne. Les ingénieurs venant de chez NSU convainquent la direction de s'orienter vers une architecture à traction avant pour la nouvelle Volkswagen. Une conception que Porsche n'avait jamais proposée et qui allait pourtant se révéler comme étant la plus appropriée pour une voiture populaire. Afin de compenser l'arrêt du projet VW EA 266, l'usine de Wolfsburg accorde une petite compensation à Porsche en lui commandant l'étude d'une voiture de sport (EA 425) destinée à succéder à la 914. Cette voiture dont la destinée est alors imprécise devait être une sorte de super-Scirocco, le nouveau coupé de grande diffusion que Volkswagen va lancer en 1975. À Weissach, la commande de Volkswagen est accueillie avec enthousiasme.

DÉMÊLÉS FAMILIAUX

La firme de Zuffenhausen vit une période difficile. L'entreprise traverse une crise. Mené par l'ingénieur Ferdinand Piëch, le neveu de Ferry Porsche, le programme 917 récompensé par

Ferdinand Piëch, neveu de Ferry Porsche, a été l'un des principaux artisans des premières victoires de Porsche aux 24 Heures du Mans. (Archives Volkswagen)

deux victoires consécutives aux 24 Heures du Mans 1970 et 1971 a permis à Porsche d'acquérir une renommée mondiale, mais son coût s'est avéré si faramineux qu'il a failli mettre en péril l'entreprise. L'affaire de la 917 ne fait, en réalité, qu'exacerber des tensions entre les deux branches de la famille. Le clan Piëch considère, à l'aune des succès de Ferdinand, qu'il mérite d'être davantage impliqué dans la direction de la firme. Ferry Porsche n'est pas disposé à accéder à cette demande. Pour ses enfants, la revendication des Piëch ressemble à un *casus belli*. Ferdinand Piëch s'est mis les membres de la branche Porsche à dos depuis qu'ils ont appris sa liaison avec Marlène, la femme de son cousin Gerd. En 1972, pour apaiser les tensions et éviter que Porsche ne disparaisse, victime de ses divisions, Ferry Porsche et sa sœur Louise Piëch décident de confier la direction de l'entreprise à une personne extérieure à la famille et que, jusqu'à nouvel ordre, plus aucun membre de la famille Porsche-Piëch ne pourra exercer des fonctions opérationnelles. En 1972, Ferdinand Piëch quitte Porsche pour prendre la direction d'Audi.

La famille décide de nommer comme directeur général le Dr Ernst Fuhrmann, un collaborateur de la première heure qui était revenu en 1971 comme directeur technique. L'ingénieur a cinquante-quatre ans lorsqu'il prend les rênes de la firme allemande de voitures de sport. Sous son autorité, la gamme 911 continue d'évoluer, comptant désormais dans ses rangs une impressionnante version Turbo équipée d'un flat-six turbo de 260 ch. Fuhrmann considère cependant que le durcissement des normes antibruit et de dépollution américaines condamne à terme la 911. Son jugement est sans appel : selon lui, le modèle phare de Porsche ne possède plus de marge de progression, notamment les modèles de compétition, et que ce fait est inhérent à l'architecture à moteur en porte-à-faux arrière. Ses convictions sont étayées par la réduction de la puissance à 165 ch pour les 911 S américaines équipées d'une pompe entraînée par courroie, injectant de l'air dans les conduits d'échappement, tandis que les réglages du système d'injection étaient légèrement modifiés. Dans le même temps, les exportations de la 911 standard vers les États-Unis cessent.

L'ENTRÉE EN SCÈNE DU MOTEUR AVANT

La gestation du projet EA 425 n'a rien d'un fleuve tranquille. Faut-il y voir la patte de Ferdinand Piëch, vexé d'avoir été éconduit de Porsche ? Toujours est-il que, début 1975, Volkswagen rompt le contrat concernant le projet EA 425 de conception de voiture de sport à moteur avant et roues arrière motrices censé remplacer la 914. Le groupe VAG se retranche derrière le fait que cette étude n'aurait plus de raison d'être, assurant disposer des compétences techniques pour développer ses propres voitures sportives sans recourir à une aide extérieure. De même, il n'était plus question de disposer dans la gamme VW-Audi d'une voiture qui ne soit pas une traction avant. Porsche décide alors de racheter l'étude de cette voiture qui va donner naissance à la 924. Les termes de la transaction n'ont jamais été dévoilés, mais la somme de 100 millions de DM a souvent circulé comme étant l'ordre de grandeur des conditions de ce rachat.

Présentée fin 1975, la 924 remplace la 914 dans la gamme Porsche. Ce coupé 2 + 2 est toujours une propulsion, mais pour la première fois, le moteur, un quatre-cylindres d'origine VW, est installé à l'avant. (Archives Porsche AG)

Au cœur du mois de novembre 1975, à l'écart de tout salon, Porsche défraie la chronique en présentant sa nouvelle sportive. Ce coupé 2 + 2 marque une véritable révolution. Il abandonne le moteur à plat refroidi par air et le tout à l'arrière. Dans son édition de décembre 1975, *L'Automobile Magazine* titre : "Tout change, même une Porsche." La 924 reste une propulsion, mais le moteur est installé à l'avant, en arrière de l'essieu, tandis que la boîte de vitesses est placée à l'arrière, accolée au pont, selon le système transaxle. Une solution déjà connue chez Alfa Romeo avec l'Alfetta GT et qui participe à une excellente répartition des masses. Transaxle est un terme anglais, association des mots *transmission* et *axle*, en français, transmission et essieu. L'arbre de transmission est installé dans un tube rigide.

La 924 est-elle une vraie Porsche ? Initialement, on a vu qu'il s'agissait d'une étude que Volkswagen a commandée à Porsche. Les recherches stylistiques débutent au printemps 1972. Anatole Lapine, le directeur du design de Porsche, demande à ses équipes de lui faire des propositions. Les trois *sketchs* de style émanant de Richard Soderberg, Dawson Sellar et Harm Lagaay sont retenus et présentés sous forme de maquettes à l'échelle 1/5 chez Volkswagen à Wolfsburg. Le travail d'Harm Lagaay , jeune designer de vingt-cinq ans, est sélectionné. Si Lagaay signe les proportions, la grande vitre du hayon, qui deviendra la signature des Porsche à moteur avant, est l'œuvre de Richard Soderberg. Quant à l'intérieur, il est signé Hans Braun. Avec la vitre arrière, les phares escamotables représentent la principale originalité du dessin. Selon les termes de l'accord conclu avec VAG, la voiture est produite dans l'ex-usine NSU de Neckarsulm, au nord de Stuttgart.

Nouvelle tentative de diversification, la 924 peine à convaincre les consommateurs. Dans la plupart des publicités, Porsche vante ses gènes maison. (Archives sylvain Reisser)

UNE VOLKSWAGEN REBADGÉE

Destiné initialement à recevoir un écusson Audi, le projet EA 425 comporte de nombreuses pièces provenant de la banque d'organes Volkswagen. À partir de la coque autoporteuse, les ingénieurs de la firme de Zuffenhausen ont greffé des éléments Volkswagen. Le train avant est composé d'un classique système McPherson avec leviers transversaux. Le train arrière est constitué de bras obliques et barres de torsion transversales. Le moteur est ainsi celui du camion VW LT 28, un quatre-cylindres refroidi par eau de 1 984 cm^3, revendiquant une puissance de 125 ch à 5 800 tr/min. L'alimentation repose sur une injection K-Jetronic. La boîte de vitesses ne possède que quatre rapports ; le système de freinage repose sur des tambours à l'arrière. Malgré quelques lacunes d'équipement, le manque d'espace entre le volant et les jambes, des bruits de roulement et des vibrations mal maîtrisés, la 924 est globalement une réussite. L'écusson suffira-t-il à vendre ce coupé ? Là se situe tout l'enjeu de cette GT 2 + 2. Si les performances sont honorables en 1976, elles apparaîtront ordinaires lorsque la génération des berlines GTI commencera à investir le marché. La vitesse de pointe flirte avec les 200 km/h – 198 km/h exactement – et les 1 000 mètres départ arrêté sont atteints en 31,2 secondes. Mérite-t-elle son écusson Porsche ? C'est une autre affaire et, pour l'ensemble de la presse, ce coupé n'a pas la noblesse mécanique que les automobilistes sont en droit d'attendre d'une marque déjà auréolée d'un riche palmarès en compétition. Plus d'un amateur est dérouté par ce coupé qu'il est difficile d'admettre comme une Porsche. Il faut cependant reconnaître que la 924 fut loin d'être un échec. Au cours des

Loin d'être un échec, la 924 est produite à plus de 151 000 unités dans l'usine Audi de Neckarsulm. (Archives Porsche AG)

cinq premières années de sa carrière, ce coupé a été produit à plus de cent mille unités. Au total, plus de cent cinquante et un mille exemplaires sortiront des chaînes de montage de l'usine de Neckarsulm.

LA 928, LE NOUVEAU PORTE-DRAPEAU

La 924 n'est qu'une répétition et, en 1977, Porsche poursuit le développement de sa famille de voitures à moteur avant avec une super-GT dénommée 928. L'air de ressemblance entre ces deux voitures esquissées en parallèle dans le bureau de style est flagrant. Les formes arrondies et la grande lunette arrière sont reprises, mais la silhouette de la nouvelle voiture est plus impressionnante. Plus volumineuse. La parenté entre les deux modèles s'explique aussi par le partage d'une architecture technique commune. Comme la 924, la 928 adopte le principe transaxle, associant le moteur avant et la boîte de vitesses à l'arrière.
Un moteur V8 4,5 litres, une puissance de 240 ch et un tarif de 160 000 francs : sa fiche paraît presque une incongruité dans le contexte de la chasse au gaspi qui découle de la crise économique née du choc pétrolier de 1973. La direction avait bien imaginé des solutions alternatives, mais aucune n'emporta véritablement l'adhésion. Puis, l'expérience montre que le marché finit toujours par rebondir après les périodes de crise. Il n'empêche : la 928 apparaît totalement décalée et déraisonnable lorsqu'elle crève l'écran au printemps 1977. Face à la multiplicité des défis à relever (normes antibruit et antipollution aux États-Unis et crise du pétrole), Porsche avait carrément envisagé de se reconvertir dans la fabrication de vélos.

VOITURE DE L'ANNÉE

Jean-Paul Thévenet, dans le mensuel *L'Automobile Magazine*, dit qu'elle est belle, chère, très belle et très chère. "La 928 n'est sans doute plus une Porsche. Au fond est-ce grave ?", écrit-il. D'ailleurs, sa définition et ses caractéristiques la destinent plutôt au marché américain. Ne ressemblant à rien de ce qui existe alors, le nouveau coupé plaît aussi aux Européens. En 1978, il décroche le titre de la Voiture de l'année (Car of the

Porsche défraie la chronique en 1977 avec la 928. Sorte de grosse 924, ce coupé 2 + 2 accueille un V8 4,5 litres de 240 ch. (Archives Porsche AG)

Doté d'un hayon, l'arrière très arrondi de la 928 s'inspire nettement de la 924. L'absence de pare-chocs se justifie par l'intégration d'éléments en polyuréthane pouvant encaisser des chocs jusqu'à 23 km/h sans déformation. (Archives Porsche AG)

Si son lancement en pleine crise pétrolière paraît incongru, ses innovations plaisent. En 1978, la 928 décroche le titre envié de Voiture de l'année attribué par un jury européen de journalistes spécialisés. (Archives Porsche AG)

Year), la plus prestigieuse distinction réservée à une voiture. Le choix du jury, composé d'une soixantaine de journalistes européens, ne passe pas inaperçu et crée un précédent. Depuis, les membres du Car of the Year n'ont plus jamais élu une voiture de prestige.
Toujours dans les colonnes de *L'Automobile Magazine*, il est écrit : "La 928 est bulbeuse comme une Osca, aussi doucement potelée qu'une Lotus et, assez curieusement, la photo ne l'avantage pas." Au premier coup d'œil, elle apparaît comme une 924 empâtée et arrondie. Les lignes pures signées Wolfgang Möbius se signalent par l'absence de tout appendice aérodynamique et de pare-chocs. Ces derniers, c'est une grande première, sont intégrés à la carrosserie. L'avant et l'arrière sont constitués par deux éléments galbés en polyuréthane, de la même couleur que celle de la carrosserie, et qui cachent des structures de protection montées sur amortisseurs et pouvant encaisser sans se déformer des chocs jusqu'à 23 km/h. Par ailleurs, si la coque autoporteuse de la 928 est en acier et si les ailes avant sont boulonnées, le capot moteur et les portes sont en aluminium. La voiture mesure 4,44 m de long et 1,83 m de large.

L'ESSIEU WEISSACH

Voulue par le Dr Fuhrmann, la 928 tourne le dos à l'histoire de Porsche. Elle repense entièrement la conception et l'approche de la voiture de sport. Ce grand coupé est donc animé non pas par un six-cylindres à plat refroidi par air et placé en porte-à-faux arrière, mais par un huit-cylindres en V refroidi par eau. Installé en position longitudinale avant, ce moteur supercarré de 4 474 cm^3 est construit selon la technologie la plus moderne dans le domaine des alliages légers coulés. Son bloc-cylindres est en alliage Reynolds 930 hyper-silicié, ce qui permet aux fûts de cylindres de ne pas être chemisés.

Opérationnel au début des années 1970, le Centre de recherche et de développement de Weissach donne son nom à l'essieu arrière de la 928. (Archives Porsche AG)

Comme la 924, la 928 se signale par son architecture transaxle associant le moteur à l'avant et la boîte de vitesses à l'arrière. (Archives Porsche AG)

La distribution est assurée par un arbre à cames en tête par rangée de cylindres agissant sur des soupapes parallèles par l'intermédiaire de poussoirs hydrauliques. Avec un faible rapport de compression (8,5 : 1), une alimentation par injection mécanique asservie au débit d'air Bosch K-Jetronic et un allumage transistorisé, ce V8 affiche une puissance de 240 ch à 5 250 tr/min et un couple de 37 m.kg à 3 600 tr/min. Il est associé à une boîte manuelle à cinq rapports installée à l'arrière. Autre spécificité : l'essieu arrière baptisé Weissach, du nom du centre de recherche et développement que Porsche a fondé en 1971 pour faire profiter l'industrie automobile du savoir-faire et des compétences de ses ingénieurs. Situé à une demi-heure de l'usine de Zuffenhausen, le centre de Weissach avait été initié en 1966, sur une idée du motoriste Paul Hensler. Ses compétences l'avaient amené à travailler sur des projets aussi divers que le moteur Diesel des tracteurs, la suralimentation par turbocompresseur et les moteurs des 924 et 928. À l'époque, l'environnement faisait déjà partie des préoccupations de l'entreprise. Paul Hensler avait demandé à la direction un crédit pour commander un appareil capable de mesurer les émissions de CO_2.

La suspension arrière de la 928 innove avec une géométrie originale, à déport négatif : un bras de guidage articulé permet à l'ouverture de la roue arrière de varier en fonction de l'effort de traction qu'elle fournit. Ainsi le risque de survirage brusque est éliminé lorsque le conducteur est contraint de couper l'accélérateur au milieu d'un virage. L'essieu Weissach garantit une exceptionnelle stabilité. Sur le plan des performances, Porsche annonce une vitesse de pointe de 230 km/h et un 0 à 100 km/h atteint en sept secondes. Les premières impressions de conduite font ressortir la qualité de son équipement, de son freinage, de sa direction remarquablement assistée, ainsi que de sa tenue de route. Mais le tarif de 160 000 francs peut paraître élevé pour un coupé qui offre des sensations aseptisées et des manières très éloignées du coup de pied aux fesses de la 911 Turbo équipée alors d'un flat-six suralimenté de 3 litres de cylindrée et 260 ch. Les vingt-sept privilégiés de la première année de commercialisation ont le sentiment de posséder le summum du grand tourisme. La réalité n'est pas très éloignée. Dans ce registre, aucun constructeur n'avait encore proposé un véhicule aussi abouti. Dans son premier essai paru dans *Sport Auto*, José Rosinski laisse paraître une pointe de nostalgie. "Avec la 928, nous avons pu constater que Porsche a négocié le virage de l'après-Kippour sans renoncer à l'essentiel de sa vocation qui est de construire des voitures de sport performantes, efficaces et d'une qualité exceptionnelle. Certes, on ne retrouve pas au volant de la 928 le tempérament de la 911. On ne pilote pas. On conduit. C'est plus agréable que passionnant. La 928 est une voiture de synthèse. La 928 est à mi-chemin entre l'image

À l'automne 1980, Porsche présente le prototype « Porsche Experimental Structure » développé à partir de la 928. Il inaugure de nouveaux matériaux en vue de réduire le poids des véhicules. (Archives Porsche AG)

du jouet de luxe incarnée par les productions italiennes et les modèles de luxe que sont les coupés Mercedes et BMW. En ce sens, il s'agit d'un produit original." Tout est dit.

LE V8 ROULE DES MÉCANIQUES

La 928 va-t-elle précipiter la 911 vers la retraite ? C'est sans aucun doute le souhait d'Ernst Fuhrmann qui continue de s'appuyer sur des lois antipollution de plus en plus draconiennes qui condamnent la 911 aux États-Unis, son principal marché, pour défendre sa stratégie. Avec le lancement de la série L en 1978, la gamme 911 se resserre. Les modèles 911 2,7 litres et Carrera 3 litres sont remplacés par un modèle unique, la 911 SC. Par rapport à celui de la Carrera 3 litres, le flat-six 3 litres est dégonflé à 180 ch. Une réduction de puissance de 200 ch à 180 ch pour éviter, semble-t-il, que la 911 ne fasse de l'ombre à la 928 et soit plus rapide que le nouveau vaisseau amiral de la marque, à la fois plus puissant et plus cher. Les performances de la GT à moteur avant sont élevées, mais elles ne sont pas exceptionnelles rapportées à la cylindrée. La 928 revendique une vitesse de pointe de 230 km/h et un 1 000 mètres départ arrêté légèrement en dessous des trente secondes. En 1978, Porsche s'est résolu à faire évoluer la 911 Turbo qui n'avait subi aucune modification au cours de ses trois premières années de production. La cylindrée passe de 3 litres à 3,3 litres et la puissance bondit à 300 ch grâce notamment à l'adoption d'un échangeur air-air. Par ailleurs, la Turbo se dote d'une pompe à air soufflant dans les conduits d'échappement pour satisfaire aux normes antipollution européennes plus strictes à partir de 1978. Cette année-là, la gamme Porsche débute à 83 000 francs avec la 924 équipée de la boîte à cinq rapports. La 911 SC est facturée 129 000 francs, la 928 coûte 182 000 francs et la 911 Turbo 250 000 francs.

LA FIN PROGRAMMÉE DE LA 911

Symbole de la volonté d'arrêter progressivement la production de la 911, la majorité des investissements est dédiée aux modèles à moteur avant. La sévérité accrue des lois antipollution, qui cause l'arrêt de l'exportation de la 911 Turbo aux États-Unis et au Japon, incite à lui donner raison. En dépit d'un quadruplement du chiffre d'affaires sous son mandat, Ernst Fuhrmann ne fait pourtant pas l'unanimité. Sa stratégie visant à éclipser la 911 est source de tension avec les principaux actionnaires, les familles Porsche et Piëch. Ferry Porsche voit d'un mauvais œil la disparition de la 911 dont il est le véritable père. Il est convaincu que ce modèle déjà entré dans la légende possède encore un important potentiel d'évolution. Une analyse que partagent Helmuth Bott, le directeur technique, mais également son neveu Ferdinand Piëch qui exerce alors ses talents chez Audi où il est en train de donner naissance à la technologie de la transmission intégrale Quattro.

En conflit presque permanent avec Ferry Porsche, le Dr Fuhrmann prend le prétexte de sa nomination à un poste de professeur à l'université de Vienne pour expliquer son départ de chez Porsche. Il est ainsi poussé vers la retraite avec un an d'avance, à la fin de l'année 1980. Avant qu'il quitte son poste, de nouveaux modèles à moteur avant sont lancés. Dans une affaire où la psychologie joue un grand rôle, Fuhrmann continue d'abattre ses cartes. Piqué au vif par une frange de la clientèle et certains collaborateurs qui considèrent que les performances des 924 et 928 ne sont pas à la hauteur du label Porsche, il lance un programme de montée en puissance.

Sans aucun doute pour maintenir son intérêt sur le marché, faire taire les Porschistes qui lui jettent l'opprobre et contourner les normes américaines toujours plus contraignantes qui ont pour effet de réduire la puissance, la 924 s'offre une déclinaison Turbo. L'adoption d'un turbocompresseur KKK élève la puissance à 170 ch, soit seulement 10 ch de moins que la 911 SC. Avec ses performances relevées (225 km/h en vitesse de pointe et 27,5 secondes pour franchir le kilomètre départ arrêté), la 924 Turbo devient une dangereuse concurrente de la 911. Le tarif élevé, près de 120 000 francs, constitue cependant un frein au succès de ce nouveau coupé.

En 1979, la 928 est transfigurée avec la version S délivrant une puissance de 300 ch.
(Archives Joël Chassaing-Cuvillier)

Pour assurer la promotion de la 924 et de ses modèles à moteur avant en compétition, le constructeur de Zuffenhausen développe la très sportive 924 Carrera GT en 1979. Animée par un moteur turbo de 210 ch, elle est produite à 400 exemplaires en douze mois. (Photos Dominique Fontenat)

En 1979, c'est au tour de la 928 de bénéficier d'une profonde évolution. Devenu S, le grand coupé revendique désormais une puissance de 300 ch, semblable à celle de la 911 Turbo. Le gain de 60 ch a été obtenu par une augmentation de 2 mm de l'alésage (97 mm) qui permet à la cylindrée de progresser à 4 664 cm^3. Si l'intégralité des trains roulants de la première version sont repris, la 928 S adopte un tablier avant et un becquet arrière, des jantes forgées et un équipement plus luxueux. Dans *Sport Auto*, l'essayeur José Rosinski assure que "rarement une voiture n'est apparue aussi homogène, car sa réalisation est vraiment superbe et en tous points à la hauteur du raffinement de sa conception".

LA PROMOTION SARTHOISE

L'année suivante, en 1980, Porsche débarque dans la Sarthe, ni avec des prototypes comme il en avait pris l'habitude depuis quelques années ni avec des 911, mais avec trois 924 très spéciales engagées en catégorie GTP. C'est là, sans aucun doute, une décision aussi commerciale que technique, car il semble que la clientèle traditionnelle ne pourra considérer la 924 comme une Porsche à part entière que le jour où elle aura fait ses preuves dans des compétitions de grande envergure. Si, pour une fois, la marque de Zuffenhausen ne postule pas pour la victoire absolue, l'enjeu est toutefois important. La participation aux 24 Heures du Mans doit permettre d'assurer la promotion d'un nouveau modèle destiné à remplacer, sur la route comme en circuit, la génération des modèles nés de la lignée des 911. La voiture de compétition dérive étroitement

Devenu le patron de Porsche en 1980, Peter W. Schutz décide d'allouer une grande partie du budget de développement à la 911. On le voit ici aux 24 Heures du Mans avec Ferry Porsche. (Archives Porsche AG)

d'une voiture de série conçue en parallèle et découlant elle-même de l'étude 924 Carrera GT présentée au Salon de Francfort 1979. En mariant l'appellation Carrera, réservée aux modèles allégés et sportifs, à une voiture à moteur avant, Porsche apporte la preuve irréfutable de ses intentions. Bien que développée à partir de 924 Turbo, la 924 Carrera GT s'en distingue par une carrosserie nettement plus démonstrative reposant sur des élargisseurs d'ailes en matière plastique, une grande prise d'air sur le capot moteur et des jantes en aluminium chaussant des pneumatiques de 215/60 VR 15. Le label Carrera, synonyme de hautes performances, conduit les ingénieurs de Weissach à traquer les kilos superflus. L'aménagement intérieur simplifié et allégé permet d'abaisser le poids de 150 kg environ. Le rapport poids-puissance progresse nettement puisque, dans le même temps, le quatre-cylindres 2 litres d'origine Audi affiche à présent 210 ch. Cette performance s'appuie sur un nouvel allumage électronique, un turbo KKK plus gros, un taux de compression

Alors que Jacky Ickx offre une nouvelle victoire à Porsche au Mans en 1981, l'usine poursuit le développement de la 924 en course. La 924 GTP n° 1 termine 7e au classement général avec l'équipage Barth-Röhrl. (Archives Porsche AG)

Défendu par Fuhrmann, le programme 944 vise à relancer les ventes de la famille des moteurs avant. Proche de la 924 Carrera GT en style, ce nouveau coupé accueille un insolite quatre-cylindres de près de 2,5 litres de cylindrée. (Archives Porsche AG)

relevé à 8,5 : 1 et la présence d'un refroidisseur d'air comprimé. Cette fois-ci, un modèle à moteur quatre cylindres éclipse la 911 dont la puissance est relevée à 204 ch, notamment dans le domaine de stabilité à haute vitesse et d'équilibre. La 924 Carrera GT affiche des performances impressionnantes : 240 km/h en vitesse de pointe, 27,5 secondes pour avaler le kilomètre départ arrêté. Un peu plus de quatre cents exemplaires nécessaires à l'homologation sont produits.

UN PROFIL DIFFÉRENT

Pour remplacer le Dr Fuhrmann, Porsche fait appel à Peter W. Schutz. Né à Berlin en 1930, Peter W. Schutz est américain. Il a fait sa carrière dans le secteur des engins de travaux publics, chez Caterpillar. Avant sa nomination, aucun membre des familles Porsche et Piëch ne le connaissait. Il aurait été repéré par un chasseur de têtes. Dès les premières semaines, il s'attelle à la tâche avec beaucoup d'enthousiasme. Peter Schutz n'est pas un spécialiste de l'automobile, mais il se glisse dans les pas de Ferry Porsche qui a toujours misé sur la compétition pour mettre ses véhicules en valeur. C'est la raison pour laquelle le constructeur s'est taillé un palmarès prestigieux, mais axé principalement sur des véhicules présentant des analogies avec les modèles de série. Des préceptes et une philosophie technique que le nouveau président reprend à son compte. Il engage ainsi le développement d'un nouveau prototype de course répondant à la catégorie du Groupe C entrant en vigueur à partir de 1982 pour les épreuves d'endurance.

En parallèle du retour au Mans, sa première décision consiste à allouer la plus grande part du budget de développement à la 911. Deux projets sont relancés : le cabriolet et la version à quatre roues motrices. Cela ne traîne pas. Au Salon de Francfort 1981, Porsche présente une étude combinant les deux versions. La voiture n'était en réalité qu'une maquette, mais la firme avait réussi son coup. La seule présence de ce prototype démentait les rumeurs circulant autour de la fin programmée de la 911 dont les ventes chutèrent à 8 698 unités cette année-là. La grosse nouveauté du stand Porsche est pourtant la 944. Positionné entre la 924 et la 928, ce nouveau coupé 2 + 2 a pour mission de relancer les ventes de la famille à moteur avant. Il est une sorte de synthèse entre les deux véhicules puisqu'il reprend des solutions élaborées sur l'un ou l'autre de ces modèles.

Comme pour les modèles précédents à moteur quatre cylindres, la légitimité de la 944 passe par des publicités mettant en scène la 911. (Archives Sylvain Reisser)

PORSCHE GAGNE LE DAKAR

Remporter un sixième succès au Mans en 1983 ne suffit plus à Jacky Ickx. Le champion belge s'est amouraché des grands espaces africains. Il convainc Porsche d'engager des 911 à quatre roues motrices au Paris-Dakar. La première participation en 1984 se solde par la victoire de la voiture de René Metge. En 1985, aucune des trois véritables 959, à l'exception du moteur qui est encore celui de la Carrera 3.2, n'atteint l'arrivée. L'année suivante, Metge et Ickx réalisent le doublé. La 911 est décidément capable de gagner sur tous les terrains.

(Archives Porsche AG)

PORSCHE GROUPE B, UNE SUPER 911

(Archives Porsche AG)

La vedette du stand Porsche du Salon de Francfort 1983 n'était pas la nouvelle 911 Carrera 3.2, mais une étude qui s'affirmait comme un champ d'exploration sur l'avenir de la 911. Baptisé "Groupe B" en référence à la catégorie qui régissait les épreuves de rallyes, ce prototype servait de base à la supercar 959 produite en série limitée. Conçu comme un laboratoire technologique, ce véhicule à la robe spectaculaire réalisée en grande partie en matériaux composites accueillait le flat-six double turbo de 2,85 litres dérivé de la 956 de course. Ses 450 ch étaient transmis sur la chaussée par un système à quatre roues motrices ultrasophistiqué. Vitrine du savoir-faire de la marque, la 959 était capable de rouler à plus de 300 km/h. Les premiers exemplaires furent délivrés en 1987.

LA 944, UNE NOUVELLE SYNTHÈSE

La carrosserie s'inspire largement de la 924 Carrera GT. Ainsi en est-il des ailes élargies intégrant un spoiler à l'avant. À l'arrière, les ailes sont également élargies et un généreux becquet apparaît au bas de la vitre. Les optiques avant escamotables sont conservées. L'intérieur traité dans le style maison habituel est un modèle de fonctionnalité.

Sous le capot prend place un quatre-cylindres Porsche en alliage léger. Le choix de cette architecture résulte de considérations plus mercantiles que philosophiques : il s'agit d'amortir le coûteux investissement consenti pour le V8 de la 928. Même s'il en reprend les cotes, le nouveau bloc partage peu d'éléments avec le huit-cylindres en V. En revanche, il bénéficie de toute l'expérience acquise depuis le début de la production de ce moteur : mêmes matériaux, mêmes méthodes de production, même outillage. Moitié du V8, le quatre-cylindres en ligne de la 944 affiche une cylindrée de 2 479 cm^3. Une disposition qui ne manque pas d'interpeller au regard de l'importance de la cylindrée. Le six-cylindres en V a, certes, été envisagé, mais les considérations d'encombrement, de coût, de facilité de construction et de consommation l'ont finalement emporté. Les motoristes Porsche ont soigné le quatre-cylindres en alliage léger. Il est coiffé par une culasse à un arbre à cames en tête entraîné par courroie crantée, avec soupapes parallèles et rattrapage hydraulique de jeu. Pour le rendre aussi agréable qu'un six-cylindres, deux arbres d'équilibrage tournant deux fois plus vite et à contresens du vilebrequin suppriment les vibrations. Avec 100 mm d'alésage et 78,9 mm de course, comme la 928, une alimentation par injection type L-Jetronic et un allumage électronique intégral à commande digitale, le moteur de la 944 fournit la puissance de 163 ch à 5 300 tr/min et un couple de 205 Nm culminant à 3 000 tr/min.

Pesant 1 180 kg en ordre de marche, la 944 atteint la vitesse maximale de 220 km/h sur le cinquième rapport et accélère de 0 à 100 km/h en 8,4 secondes. Preuve de l'excellent rendement global, la voiture est homologuée à 7 litres aux 100 km à 90 km/h.

Salué par la presse comme une réussite incontestable, le dernier coupé à moteur avant de Porsche séduit immédiatement la clientèle. En 1983, à raison de cent dix unités par jour, Porsche en produit 26 500 exemplaires dans l'usine de Neckarsulm, soit autant que sa production globale de 1981. Pendant ce temps, les ventes de la 911 franchissent de nouveau la barre des dix mille unités annuelles. Après les deux mauvais exercices de 1979 et 1980, Porsche retrouve une forme olympique. Sur la période d'août 1982 à avril 1983, le chiffre d'affaires progresse de 40 %. Reflet de cette réussite, le constructeur allemand termine l'exercice 1982-1983 sur un volume de quarante-cinq mille véhicules, contre 32 213 pour l'exercice précédent. Ce résultat est presque un miracle dans une conjoncture économique mondiale dégradée. Les

Porsche renforce le pouvoir d'attraction de la 944 en lui greffant un turbo début 1986. Les performances progressent nettement avec le quatre-cylindres de 220 ch. (Archives JCC)

fluctuations des marchés affectent le développement de l'industrie. Alors que les États-Unis se remettent de seize mois de récession et retrouvent le chemin de la croissance au début de l'année 1983, la France change de politique et négocie le tournant de la rigueur en vue de diminuer l'inflation.

La performance commerciale de Porsche cache des disparités. Alors que les ventes de la 911 ont progressé à 13 229 unités, portées à la fois par le cabriolet et par la nouvelle Carrera 3.2, la production de la 924 dévisse à 5 789 exemplaires. Les ventes de la première Porsche à moteur avant ne se relèveront pas.

Dans la conjoncture de 1983, le succès de Porsche apparaît d'autant plus méritant que ses modèles ne sont pas spécialement bon marché. Le tarif de la 944 de base est fixé à 170 000 francs, ceux de la 911 SC, de la 928 S et de la 911 Turbo, à respectivement 233 790 francs, 340 990 francs et 440 990 francs. Rouler en Porsche est attaché à une symbolique de réussite. À cette période, Porsche gagne sur tous les terrains et dans toutes les disciplines du sport automobile. Non contente de dominer les courses d'endurance avec ses prototypes 956 puis 962, la firme allemande impose aussi sa suprématie dans l'épreuve africaine du Paris-Dakar. À compter du Grand Prix de Hollande, à la fin du mois d'août, Porsche rejoint aussi le championnat du monde de Formule 1. Pour propulser les monoplaces McLaren, Mansour Ojjeh, le patron du groupe TAG, a commandé à Porsche le développement d'un moteur de F1. À partir de 1984, ce V6 Turbo permet à Niki Lauda et Alain Prost de dominer la discipline reine du sport automobile.

EXPLOSION DES VENTES

Sous la direction de Peter Schutz, Porsche vit plusieurs années de croissance et de prospérité. Les ventes quadruplent en cinq ans, grâce notamment à l'appréciation constante du dollar américain. Une grande partie des bénéfices est consacrée à l'expansion du centre de recherche et de développement de Weissach. Une soufflerie, un centre d'essais de collision et des bancs d'essais moteur sont inaugurés et confortent la qualité des installations de ce site.

LE PROJET 984, UN ROADSTER D'ENTRÉE DE GAMME

Lorsqu'il a commencé à travailler au remplacement de la 924 au milieu des années 1980, Porsche a imaginé commercialiser un roadster que les études destinaient à un avenir brillant. Un prototype roulant baptisé 984 et équipé d'un quatre-cylindres en position arrière a vu le jour en 1987. La chute du dollar causa l'abandon du projet. Il est probable qu'il aurait de toute façon été écarté, faute de synergie avec d'autres modèles de la gamme

(Archives Porsche AG)

Porsche va-t-il produire des voitures familiales ? Pour ses soixante-quinze ans, Ferry Porsche reçoit en cadeau un break de chasse développé à partir d'une 928 S. (Archives Porsche AG)

Avec l'aval des actionnaires, Peter Schutz poursuit l'offensive commerciale aux États-Unis. Pour soutenir les ventes de l'autre côté de l'Atlantique, il lance un programme Indy en vue de profiter de l'audience considérable des 500 Miles d'Indianapolis. Largement inspiré du V6 TAG de la Formule 1, le moteur est un V8 à 90° de 2,6 litres alimenté par un seul turbocompresseur. Les résultats ne seront pas satisfaisants : une seule pole position et une seule victoire en trois saisons et demie et quarante-quatre courses. Porsche arrête les frais à la fin de la saison 1990.

LA 944 MET LE TURBO

Alors qu'elle poursuit sa carrière, la 944 reçoit, en janvier 1986, un turbocompresseur. Le quatre-cylindres 2,5 litres revendique désormais une puissance de 220 ch à 5 800 tr/min et un couple de 33,6 m.kg à 3 500 tr/min. Porsche souligne que ces chiffres flatteurs sont obtenus quel que soit le type d'essence utilisé (avec ou sans plomb) ou son indice d'octane (ordinaire ou super). Porsche maîtrise son sujet : le quatre-cylindres turbo répond à toutes les lois imposées à travers le monde en matière d'émissions de gaz nocifs et de nuisances auditives. Ainsi l'utilisation d'un catalyseur à l'échappement n'altère en rien les performances de la voiture. Déjà vu sur l'Audi 200 Turbo, le turbo KKK appartient à une nouvelle génération qui intègre un circuit de refroidissement à eau permanent. Au passage, les designers en ont profité pour retoucher la carrosserie. Le bouclier avant abandonne les butoirs en plastique noir de la 944 et devient plus enveloppant. À l'arrière, un diffuseur de

la couleur de la carrosserie prend place sous le pare-chocs. À l'intérieur, le volant a enfin été relevé de 180 mm, mais il n'est toujours pas réglable, tandis que la planche de bord s'inspire de celle de la 928. La presse salue d'emblée la souplesse du moteur qui s'apparente à celle d'un six-cylindres atmosphérique. Au-dessus de 4 000 tr/min, il devient franchement rageur et seule l'intervention du rupteur l'empêche de dépasser les 6 500 tr/min. Dans *L'Automobile Magazine*, le pilote essayeur Pierre-François Rousselot écrit que la 944 Turbo va faire souffrir la 911. "La 944 Turbo représente incontestablement le meilleur rapport qualité-prix actuellement disponible chez Porsche", conclut-il. Mais les amateurs sont-ils prêts à débourser 295 620 francs pour cette GT 2 + 2

Les ingénieurs allemands concoctent une super 928 en 1987. Baptisée S4, cette nouvelle évolution dispose d'un V8 5 litres de 320 ch. (Archives Porsche AG)

Le thème du modèle 4 portes fait partie des pistes de réflexion du constructeur. Dans cet optique, il développe l'étude H50 à portes antagonistes sur la base de la 928. (Archives Sylvain Reisser)

Par ses performances et ses qualités routières, la 944 Turbo fait de l'ombre à la 911. (Archives JCC)

certes surdouée, mais moins fascinante que la 911 Carrera 3.2 facturée quelques milliers de francs de plus (303 500 francs) ? Par ailleurs, Porsche, faute de remplacer la 924, poursuit sa commercialisation. Une version S est introduite à partir du millésime 1986 afin de relancer l'attrait du modèle. Pour la première fois, le coupé d'entrée de gamme se voit doté d'un moteur entièrement conçu par Porsche. Il s'agit du quatre-cylindres 2,5 litres de la 944 qui délivre, dans une première exécution, 150 ch pour répondre aux normes américaines. Sa puissance est portée à 160 ch l'année suivante. À la fin de l'année 1987, le premier coupé à moteur avant de l'histoire de Porsche sort du catalogue, les ventes étant devenues vraiment ridicules. Les automobilistes ne sont plus prêts à payer le prix fort pour ce coupé qui ne dépasse pas les 200 km/h et dont le couple reste inférieur à celui de la Citroën BX 19 GT ou de l'Audi 80 GTE. Le moteur ne procure aucun frisson et les performances se font ridiculiser par les berlines GTI et les coupés japonais qui ont investi le marché.

En parallèle, Porsche fait évoluer la 944. Une version S se distingue par l'adoption d'une culasse à quatre soupapes par cylindre qui permet de délivrer 190 ch. Mais le rendement reste cependant inférieur à celui du moteur qui équipe la Mercedes 190 E 2,3 16. Pour être digne de représenter la maison, elle a besoin d'être épaulée par une liste d'équipements de première nécessité, qui augmente un tarif déjà salé (165 900 francs).

De son côté, la 928 poursuit sa carrière, au prix d'évolutions stylistique et mécanique. En 1987, les ingénieurs donnent naissance à la déclinaison S4. Le montage d'une culasse à quatre soupapes par cylindre et l'augmentation de l'alésage à 100 mm portent la cylindrée à 5 litres et la puissance à 320 ch.

La carrosserie se plie aux règles de la retouche et loge des feux avant et arrière redessinés, ainsi qu'un nouvel aileron arrière. Malgré les investissements engagés pour rendre toutes les familles de modèles encore plus désirables, l'heure n'est plus à la fête à Zuffenhausen. Au début de l'année 1987, le dollar s'est établi à son niveau le plus bas depuis 1980 (1,77 mark), plus bas que ce que le gouvernement allemand avait défini comme "seuil douloureux" : 1,85 mark. Les banques centrales ne sont pas intervenues pour endiguer la dégringolade du billet vert. L'administration Reagan est déterminée à laisser baisser le dollar pour corriger par ce biais un déficit commercial de quelque 170 milliards de dollars. Pour compenser la chute du dollar, Porsche est contraint d'augmenter ses prix de 30 %. Ce n'est pas encore l'hallali. Il se produit le lundi 19 octobre 1987. L'indice Dow Jones représentant les trente premières valeurs industrielles de la Bourse américaine enregistre une chute historique de 22,6 %. Un vent de panique souffle à Wall Street. Le 11 novembre, l'enchère astronomique de 53,9 millions de dollars atteinte par le tableau *Les Iris* de Van Gogh fait figure d'épiphénomène dans le contexte dégradé. Porsche paie sa trop grande exposition au marché américain. Après avoir culminé à 53 254 unités en 1986, dont plus de trente mille aux États-Unis, les ventes du constructeur allemand plongent de plus de 30 %. Sur l'exercice 1987-1988, elles se contractent à trente-trois mille unités. Les stocks augmentent. La rentabilité chute. Les yuppies qui pensaient disposer de moyens sans limite fuient les concessions Porsche.

Fin 1987, le directeur financier Heinz Branitzki succède à Schutz à la direction de l'entreprise. (Archives Porsche AG)

UNE 911 ENTIÈREMENT NOUVELLE

Porsche célèbre les vingt-cinq ans de la 911 en fanfare avec la nouvelle génération 964 embarquant 85 % de pièces nouvelles. Innovant à plus d'un titre, cette 911 Carrera 4 dispose pour la première fois de la transmission intégrale (à contrôle électronique) et de l'ABS de série tandis que son six-cylindres à plat passe à 3 600 cm³ et délivre 250 ch. Grâce à un Cx nettement amélioré par la nouvelle face avant, le carénage inférieur et un aileron arrière mobile, la Carrera 4 atteint 260 km/h et accélère de 0 à 100 km/h en moins de six secondes. Une version Carrera 2 à deux roues motrices suit quelques mois plus tard.

(Archives Sylvain Reisser)

UN FINANCIER AU VOLANT

Peter W. Schutz assiste impuissant au recul de la demande. Il n'a pas de plan B. À la fin de l'année 1987, le conseil de surveillance de Porsche le sanctionne et le remplace par le directeur financier Heinz Branitzki. La firme de Stuttgart passe au régime minceur, toujours sous le contrôle effectif des familles Porsche et Piëch dont le trésor de guerre permet de passer quelques années difficiles. Le nouveau directeur général prend des mesures drastiques pour redresser la situation financière après la mévente de ses voitures sur le marché américain, qui absorbait plus de 50 % de la production. L'usine supprime mille emplois et expérimente le chômage technique pendant quatre-vingt-dix jours pour résorber les stocks. De nouveaux objectifs sont fixés : repositionnement de la gamme quatre-cylindres vers le haut ; rééquilibrage des ventes vers l'Europe pour diminuer la dépendance au marché nord-américain. Enfin, Branitzki vise une production autour de quarante mille unités. L'économie mondiale ne tarde pas à retrouver des couleurs. Dans l'automobile, une période

C'est une première pour Porsche : Mercedes lui confie le développement et la production de la berline 500 E à moteur V8 au début des années 1990. (Archives Mercedes)

Pour relancer ses ventes en berne, Porsche va chercher un profil atypique. Ex-numéro 2 du groupe informatique Nixdorf, l'Allemand Arno Bohn accède à la direction de l'entreprise en 1990. (Archives Porsche AG)

Les modèles quatre-cylindres poursuivent leur entreprise de séduction. Avec la 944 S2, la gamme s'enrichit d'une variante cabriolet. (Porsche AG)

La première de ses priorités est de faire le point des projets en cours. Il se rend au centre de Weissach et là, surprise, il découvre que les ingénieurs sont davantage focalisés sur le développement de travaux de sous-traitance que sur leur propre production. Porsche est sur le point de débuter, sur les anciennes lignes de montage de la 959, la production en série de la fameuse berline 500 E pour le compte de Mercedes. La firme à l'étoile avait confié à son voisin de Stuttgart le développement, la mise au point et l'industrialisation de sa berline de sport équipée du V8 essence 5 litres de 326 ch du roadster 500 SL. Une décision qui relevait d'un manque de capacité de l'usine de Sindelfingen, mais aussi d'une volonté d'apporter un soutien financier à Porsche qui avait vu sa production reculer. La proximité de Jürgen Schrempp, le patron de Mercedes, avec la

d'euphorie s'ouvre. La multiplication des supercars et des séries limitées de modèles hors série encourage la spéculation. Chez Porsche, on entend profiter de l'aubaine en lançant à la fin d'année 1988 un Speedster 911 à partir de la Carrera 3.2. Livrables à partir de l'année 1989, ces modèles particulièrement séduisants deviennent la proie des spéculateurs.

UN PRO DU MARKETING AUX COMMANDES

C'était clair depuis sa nomination pour les actionnaires de Porsche, le mandat de Branitzki n'était que transitoire. Sans avoir eu le loisir de voir les résultats de la stratégie engagée, il part à la retraite en mars 1990. Les familles Porsche et Piëch recrutent Arno Bohn, l'ancien numéro 2 du groupe informatique Nixdorf. Ce manager allemand n'est pas un expert de l'automobile, mais il est embauché pour ses compétences en marketing. Ferdinand Piëch le connaissait depuis le début des années 1980 pour l'avoir rencontré à un forum de Davos, en Suisse. Plus tard, alors qu'il étudie à Harvard, il rencontre Michael Piëch et Wolfgang Porsche à l'hôtel Sussex de New York et leur fait une proposition de services. Quelques mois plus tard, c'est le banquier d'affaires Walther Zügel, qui a officié pendant vingt-sept ans au comité consultatif de Porsche, qui joue l'intermédiaire. À l'issue d'un séjour à la Schüttgut, le repaire des Porsche à Zell am See, en Autriche, l'engagement de Bohn est validé. Les défis sont nombreux. Le premier est de se familiariser avec les codes de l'industrie automobile, très éloignés de ceux de l'informatique. En changeant de secteur, les cycles de développement passent de neuf mois à plusieurs années. Cela impose un changement de logiciel.

En 1992, les parcs de voitures neuves de l'usine de Zuffenhausen comptent plus de Mercedes 500 E que de Porsche. (Archives Sylvain Reisser)

famille Porsche avait joué en faveur de ce partenariat ponctuel. À son grand désarroi, Bohn découvre des cartons presque vides. Hormis le projet de remplacement de la 944 S2 qui est en cours de finalisation et celui d'une super 928 à moteur 5,4 litres, aucun successeur spécifique à la 964 n'a été prévu. Ulrich Bez, le directeur technique, considérait pourtant que cette dernière serait rapidement dépassée par la concurrence toujours plus exacerbée et par une législation toujours plus sévère.

En attendant, le nouveau directeur général pense être arrivé au bon moment. Sur l'exercice 1990, Porsche produit 32 162 véhicules. Avec les Carrera 2 et Carrera 4, la 911 a retrouvé une nouvelle jeunesse. La France réalise 35 % de ses ventes avec le modèle à transmission intégrale. Un record. L'examen détaillé des résultats montre une autre réalité. La famille des moteurs avant a vu son poids baisser au sein de la gamme. Elle ne représente que 11 307 unités malgré le lancement de la 944 S2. De la 944 S, elle hérite de la culasse seize soupapes, mais le quatre-cylindres Porsche voit sa cylindrée portée à 3 litres. Soit une cylindrée unitaire record de 750 cm^3. La puissance passe de 190 ch à 6 000 tr/min à 211 ch à 5 800 tr/min et le couple de 23,4 m.kg à 4 300 tr/min à 28,5 m.kg à 4 000 tr/min. Les reprises, le point faible de la 944 S, s'en trouvent considérablement améliorées, de même que la vitesse de pointe annoncée à 240 km/h au lieu de 228 km/h. En effet, la 944 S2 adopte la carrosserie et le châssis de l'ancienne 944 Turbo. Son Cx passe ainsi de 0,35 à 0,33 et elle est dotée de roues de 16 pouces et des pneus de 205/55 à l'avant et de 225/50 à l'arrière. La 944 Turbo s'aligne sur la version Cup sur le plan du châssis, du moteur, qui délivre 250 ch, et des équipements. La gamme s'enrichit enfin d'une variante cabriolet qui contribue à entretenir l'attrait pour le modèle. De son côté, entre la S4 et la GT, la doyenne des Porsche à moteur avant dépasse désormais à peine les trois mille exemplaires.

UNE CONJONCTURE DÉPRIMÉE

Alors que Porsche est sur la voie du redressement, voici que se profile, sur le plan technique, le danger japonais avec, entre autres, les Nissan 200 SX/300 ZX et Honda NSX. Au même moment, la stratégie de Bohn, consistant à produire moins que la demande pour rendre les voitures encore plus désirables, se heurte à la conjoncture dégradée. Il faut dire que jamais l'industrie automobile n'a eu à résoudre autant de problèmes en même temps. En plus de la menace japonaise, l'imminence du futur grand marché européen en 1993, l'effondrement du système soviétique dans les pays satellites, la guerre du Golfe qui aggrave la récession aux États- Unis nourrissent une

À la fin de l'année 1991, la firme allemande introduit la 968 pour remplacer la 944 S2. Doté d'une cylindrée de 3 litres, le quatre-cylindres délivre à présent 240 ch. (Porsche AG)

instabilité chronique. L'évolution du cours du dollar est un facteur supplémentaire d'incertitudes et de déséquilibre. Après une brève période de hausse au début de la guerre du Golfe, le dollar baisse fortement à la fin janvier 1991 pour atteindre son cours historique le plus bas vis-à-vis du mark allemand au début de février (1,46 mark pour 1 dollar). La hausse des taux d'intérêt allemand et la réduction simultanée des taux américains renforcent la pression à la baisse sur la monnaie américaine. Cette tendance accentue les déséquilibres internationaux et est source de divergences croissantes entre les pays occidentaux sur les objectifs et les moyens de la politique économique à mettre en œuvre. Dans ce contexte perturbé, l'automobile est particulièrement touchée. La chute de la demande découle du pessimisme croissant des entreprises et des consommateurs, conséquence d'une peur de l'extension du conflit militaire. Le climat de guerre engendre un attentisme généralisé. Les projets d'investissement sont suspendus, les stocks sont réduits, les licenciements se multiplient et les achats de voitures sont différés ou annulés. Par sa petite taille, son positionnement et sa trop grande dépendance au marché américain, Porsche subit de plein fouet la crise du début des années 1990. De 32 162 unités en 1990, la production régresse à moins de vingt et un mille l'année suivante.

TROIS LITRES DE CYLINDRÉE, MAIS SEULEMENT QUATRE CYLINDRES

Pour remplacer la 944 S2 et maintenir l'attrait pour le modèle à quatre cylindres, la firme allemande introduit la 968 à la fin de l'année 1991. La base technique est identique, mais le nouveau coupé s'offre une nouvelle silhouette qui affiche davantage un lien de parenté avec la 911 et la 928. Sous le capot, toujours pas de six-cylindres, mais un énorme quatre-cylindres de 3 litres de cylindrée qui revendique la puissance de 240 ch à 6 200 tr/min. Prouesse technologique, ce moteur adopte un nouveau système de distribution à calage variable appelé Variocam et une culasse à seize soupapes. Avec une telle cylindrée, le couple maximal de 31,1 m.kg à 4 100 tr/min constitue l'une de ses qualités les plus marquantes. Il affiche des valeurs spécifiques souvent supérieures à celles de la plupart des moteurs à six ou huit cylindres de même cylindrée. En outre, la 968 offre le choix entre deux types de transmission : une nouvelle boîte de vitesses à six rapports et la boîte automatique Tiptronic. Grâce à sa répartition des masses parfaitement équilibrée, la 968 se révèle d'une efficacité sans faille. Moins exigeant à mener aux limites qu'une 911, ce nouveau modèle ne rencontre pourtant pas le succès escompté. En 1992, première année pleine, sa production cale en dessous des cinq mille unités. Selon Bohn, la 968 est beaucoup trop chère pour un modèle quatre cylindres.

DES MÉTHODES À REVOIR

En 1992, Porsche ne produit plus que 16 537 véhicules. Une catastrophe, malgré une offre toujours très développée reposant sur une gamme très étoffée de 911 entre les versions de carrosserie (coupé, cabriolet, Targa, RS) et les deux transmissions (deux et quatre roues motrices), la 911 Turbo et la famille des modèles à moteur avant (968, 944 S2 et 928 GTS). Cette dernière n'a représenté que 6 305 exemplaires sur l'exercice 1992. La firme de Zuffenhausen pâtit d'un essoufflement en matière de créativité et de méthodes de production dépassées. La baisse des volumes révèle des coûts de production trop élevés résultant principalement d'un process d'assemblage dépassé et de l'absence de synergies techniques entre les lignes de produits. Les modèles ne partagent aucune pièce commune. À ces faiblesses, il convient d'ajouter un nombre de sous-traitants beaucoup trop élevé. Porsche en compte près d'un millier !

Les réunions du conseil de direction sont de plus en plus houleuses. Les relations se détériorent entre les actionnaires du constructeur allemand et leur directeur général qui finit par perdre la confiance de la famille. Bohn paie également une politique sportive inadaptée et le fiasco du retour de la marque en Formule 1 en 1991 comme motoriste de l'écurie Footwork, ex-Arrows. Deux mois seulement après son apparition et des abandons à répétition, Porsche jette l'éponge. Ulrich Bez, le directeur de la recherche et du développement, qui avait soutenu le projet F1, démissionne quelques semaines plus tard. En cause : l'abandon du projet 989, une berline quatre portes destinée à remplacer la 928. Encouragé par Ferry Porsche qui a toujours rêvé de construire une Porsche à quatre portes, ce programme avait dérapé. Ulrich Bez n'a pas réussi à respecter le prix de revient initialement fixé. Les coûts se sont envolés et sont devenus hors de contrôle. La philosophie de l'ingénieur Bez reposait sur la primauté de la technologie sur les coûts. L'ingénieur allemand parti alors que la 993 était prête à entrer en production, Bohn nomme l'ingénieur autrichien Horst Marchart après avoir dû convaincre le conseil d'administration. L'annulation du projet 989, dont les investissements ont déjà été largement engagés, est vécue comme un traumatisme par certains directeurs de divisions. Pas de regrets cependant. Avec l'effondrement du marché, Porsche ne peut plus espérer en vendre au moins cinq mille exemplaires par an au prix de 600 000 francs. En attendant que les marchés redémarrent, l'amélioration de la productivité constitue le meilleur levier

Sous l'impulsion de l'ingénieur Ulrich Bez, Porsche développe le projet 989 de berline 4 portes. Trop coûteux, il n'ira pas à son terme. (Porsche AG)

La 928 GTS marque l'apogée de la lignée des modèles V8. Porté à 5,3 litres, son moteur développe 350 ch. Les derniers exemplaires sont produits en 1995. (Archives Dominique Fontenat)

pour limiter les pertes. Un challenge que le comité de direction confie à l'ingénieur Wendelin Wiedeking. Nommé directeur de la production, ce grand bonhomme renoue avec la maison souabe où il avait débuté sa carrière professionnelle en 1983.

Porsche n'a pas attendu l'arrivée de nouveaux collaborateurs pour multiplier les projets de sortie de crise. Le bureau d'études de Weissach foisonne de dessins et de prototypes. Des bruits courent même que Porsche se lancerait dans la production d'un véhicule tout-terrain, sur la base du Mercedes Classe G. Aucun projet ne trouve cependant grâce aux yeux de Marchart. Selon lui, Porsche fait fausse route. Il faut tout arrêter, changer de cap et définir une nouvelle stratégie de conception de la gamme, de développement et de production. Les familles Porsche et Piëch sont d'autant plus soucieuses de renouer rapidement avec les profits que la crise que traverse l'entreprise l'a fragilisée. Porsche est devenu une proie facile, au moment où les mouvements de concentration bousculent le secteur. S'il veut conserver son indépendance, le constructeur doit revoir entièrement son modèle économique. Robert Lutz, devenu vice-président de Chrysler après avoir été numéro 2 de BMW au début des années 1970, estime que les regroupements sont inévitables pour aborder la fin du siècle avec des atouts sérieux. Sur le marché européen extrêmement concurrentiel et en faible croissance, il considère que ne survivront que les constructeurs qui réduisent leurs coûts de développement et de production tout en étant capables de proposer des véhicules attractifs et innovants. La mondialisation,

La 928 aura fait preuve d'une exceptionnelle longévité. Dans les années 1990, la GTS est l'un des rares modèles de grand tourisme à pouvoir emmener quatre personnes à plus de 270 km/h. (Archives Dominique Fontenat)

l'éclatement des catégories et la pression sur les prix dans les marchés matures nécessitent des investissements qu'un constructeur n'est plus en mesure d'assumer tout seul. C'est encore plus vrai dans le cas de Porsche dont les ventes ont dévissé à moins de vingt mille unités en 1992 – 16 537 exactement – et dont les différentes lignes de produits ne partagent quasiment aucun élément.

Arno Bohn demande à son équipe renouvelée de proposer une nouvelle stratégie permettant de renouer avec le succès et une croissance rentable. Tout le monde s'accorde sur un

point : la 911, dont les ventes sont supérieures à celles de la famille des modèles à moteur avant, est non seulement préservée, mais elle doit être le pivot de la nouvelle offensive. Dans l'esprit de Bohn, il fallait à côté de la 911 une voiture plus petite et moins chère qui assure la succession de la gamme des modèles quatre cylindres en matière de volume. Une sorte de 912 moderne. Pas question toutefois de renouveler l'erreur de produire ce véhicule ailleurs qu'à Zuffenhausen. C'est ainsi qu'éclot le projet 986/996 de construire deux voitures à partir d'une plateforme partagée.

En marge de la 968 de série qui ne connaît pas le succès escompté, le constructeur donne naissance à la Turbo S. Avec ses 305 ch, elle est, pendant quelques années, l'une des Porsche les plus performantes du catalogue.
(Archives Dominique Fontenat)

LE
BOXS

STER

LE SAUVEUR

L'un des premiers dessins de style du projet 986 daté de 1992. (Archives Porsche AG)

Lancé par Arno Bohn, le projet 986/996 est conduit par une nouvelle direction. Bohn n'est plus l'homme de l'avenir de Porsche. Son contrat avait pourtant bien été renouvelé en février 1992 pour trois ans après que le conseil d'administration a essuyé le refus de l'ingénieur Wolfgang Reitzle. Ce dernier, qui avait effectué ses classes au sein du service du développement et des achats de BMW avant de diriger le département recherche et développement de la firme bavaroise, était devenu le président du Premier Automotive Group (PAG), le pôle des marques de luxe du groupe Ford.

DES MÉTHODES EXPORTÉES DU JAPON

Le conseil d'administration de Porsche décide de faire confiance à partir du début de l'année 1993 à Wendelin Wiedeking, qui a limité les pertes de la marque en abaissant les coûts de production et le prix de revient des véhicules. Son principal fait d'armes : le nouveau patron de quarante ans a demandé à Yoshiki Iwata de mettre en place de nouvelles méthodes de production héritées du modèle Toyota. Le Japonais, l'un des principaux artisans du *kaizen*, une méthodologie d'amélioration continue de l'efficacité du processus de production, dirige depuis 1987 le cabinet de conseil Shingijutsu. L'installation d'une armée d'ingénieurs japonais pendant quatre-vingt-dix jours à l'usine de Zuffenhausen ne fait pas que des heureux sur les chaînes de montage. Les ouvriers sont déboussolés par la révolution culturelle qu'on leur impose. La survie de Porsche est à ce prix. Dans la presse, l'ingénieur Iwata raconte : "Ce que j'ai découvert est affreux. Porsche se trouve dans l'état de Toyota il y a trente ans." Les méthodes de fabrication sont obsolètes. Il faut quatre-vingt-cinq heures pour produire une voiture, contre vingt au Japon. Avec le lancement de la 993, le constructeur réussit à réduire le temps d'assemblage de 20 %. Ce gain a pu être obtenu en demandant aux fournisseurs de livrer des éléments assemblés, en mettant en place une nouvelle organisation du travail et en changeant la conception des éléments d'un véhicule pour réduire le nombre de pièces et simplifier leur production. Chaque poste de travail est revu. Sur la chaîne des moteurs, la réorganisation de l'espace et de l'approvisionnement en composants à l'aide d'une petite étagère roulante accrochée à chaque moteur permet de gagner un temps précieux. Les ouvriers ont moins de distance à parcourir pour accéder aux pièces dont le stock est réduit de 480 à 280. Cette révolution réduit les reprises en bout de chaîne. Jusqu'ici, 70 % des Porsche présentaient des défauts qui nécessitaient une retouche. Ces gains de productivité amènent le constructeur allemand à réduire ses effectifs à six mille huit cents en 1994. Plus de mille deux cents salariés

Sous l'impulsion de Wendelin Wiedeking, le constructeur allemand rationalise sa production en s'inspirant des méthodes japonaises. (Archives Porsche AG)

quittent l'entreprise entre 1992 et 1993. Les niveaux hiérarchiques passent dans le même temps de six à deux. La chasse au gaspi amène également Porsche à négocier des baisses de prix de l'ordre de 30 % auprès des fournisseurs et des équipementiers. Wendelin Wiedeking assure que ce travail doit permettre à l'usine de renouer avec la rentabilité à partir d'une production de dix-sept mille unités.

Ces efforts arrivent au bon moment, car, après avoir essuyé une perte de 812 millions de francs en 1992, Porsche voit sa production dégringoler à 13 407 exemplaires en 1994. Les modèles à moteur avant ne représentent plus que 4 142 unités. Un bilan qui se décompose comme suit : 1 611 exemplaires assurés par les trois modèles de 968 (coupé, cabriolet et CS) et 721 unités de la 928, dans son exécution GTS.

UNE AUDI MADE IN PORSCHE

Porsche a pourtant de bonnes raisons de se montrer optimiste. La chaîne de solidarité, qui s'est formée en Allemagne pour sauver ce fleuron de l'industrie, passe, après Mercedes, par un nouveau contrat de sous-traitance. Après Mercedes, c'est au tour d'Audi de confier à Porsche le développement et la production d'un modèle entièrement inédit. À partir du break 80 Avant, Audi et Porsche concoctent la RS2, le premier modèle du label RS. Ce break de sport de 315 ch,

WENDELIN WIEDEKING, MONSIEUR W-W

(Archives Porsche AG)

Lorsque Porsche lui confie les clés de la maison, Wendelin Wiedeking n'est pas particulièrement connu dans le monde automobile. Ce brillant ingénieur formé dans les universités de Rhénanie-Westphalie a débuté sa carrière chez Porsche en 1983, dans la spécialité production, puis projets industriels. Promu docteur ingénieur avec mention "très bien", il a ensuite choisi, fin 1988, l'entreprise Glyco-Metallwerke, spécialiste des coussinets de moteurs, avec, deux ans plus tard, le titre de président du directoire. Fin 1992, il revient chez Porsche comme porte-parole du directoire. Huit mois plus tard, W-W est propulsé à la tête du directoire de Porsche AG. Ambitieux, très exigeant et doté d'un grand charisme, le nouvel homme fort de la firme de Zuffenhausen met en place de nouvelles méthodes qui vont se révéler payantes.

Après Mercedes, c'est au tour d'Audi de confier le développement et la production de sa RS2 à Porsche. (Archives Audi)

animé par le cinq-cylindres de 2,2 litres du coupé Quattro revu par les motoristes de Weissach, est présenté au public pour la première fois au Salon de Francfort de 1993. Il intègre de nombreuses pièces de la 968, à commencer par la boîte de vitesses à six rapports et le système de freinage. Quant aux pare-chocs, ils proviennent de la 993. Contribuant à préserver l'activité de l'usine de Zuffenhausen, ces travaux de sous-traitance pallient en partie la chute de la demande pour les modèles Porsche en attendant l'arrivée d'une nouvelle génération de modèles prévue à l'horizon 1996-1997. En parallèle de la nouvelle génération de la 911 qui devra assurer la succession de la 993, le second modèle devra partager un maximum de composants pour pouvoir être produit sur la même chaîne de production et réduire les prix de revient.

DEUX VOITURES, UN PROJET COMMUN

Sous l'impulsion de son directeur Harm Lagaay, qui a regagné Porsche en 1989 après un intermède de plusieurs années au sein du centre de style Ford puis de la division BMW Technik GmbH, le bureau de design de Weissach fait preuve d'un impressionnant dynamisme. Les maquettes se multiplient. Les deux véhicules du projet 986/996 sont développés en même temps. À un rythme très soutenu. Commencée en 1992, l'exploration stylistique proprement dite, menée simultanément sur le Boxster et la 911, ne dépasse pas douze mois. Au terme d'un premier round, les deux véhicules donnent naissance à quatre propositions de style présentées sur des maquettes asymétriques à l'échelle 1/1. Quatre autres maquettes à l'échelle 1/1 suivirent dans l'année, symétriques cette fois, présentant deux alternatives pour le Boxster et deux pour la 911. Au début de l'année 1993, le style des deux véhicules est figé. Supervisé par Horst Marchart, le modèle 986 s'inscrit dans la filiation stylistique de la marque. Les acteurs du projet ont

Les études marketing des constructeurs consacrent l'appétence des consommateurs pour le roadster. Porsche va se préparer à affronter la concurrence de la Mercedes SLK et de la BMW Z3. (Archives Mercedes et BMW)

L'influence du spyder 550 transpire à travers les premiers sketchs de style du Boxster. (Archives Porsche AG)

réussi à surmonter le défi technique de partager un maximum d'éléments avec la future 911 génération 996, tout en se positionnant à un prix de revient nettement inférieur et en visant une clientèle beaucoup plus jeune.

Le projet 986 prend la forme d'un roadster. Aiguillonnés par les études marketing, les constructeurs perçoivent depuis quelques années un frémissement pour les voitures plaisir. Cette tendance s'est déjà illustrée à travers la mise sur le marché de la BMW Z1 à la fin des années 1980. En 1989, Mazda la conforte en commercialisant la Miata, une version moderne du roadster des sixties. Son succès est immédiat, surtout aux États-Unis. Le modèle japonais fait figure d'éclaireur pour BMW qui décide de diversifier son portefeuille produits à travers le petit roadster Z3 fabriqué à partir de 1995 dans sa nouvelle usine de Caroline du Sud. Chez Mercedes, à voir les prototypes camouflés multiplier les essais, il ne fait pas de doute que l'on compte également surfer sur cette vague. Sera-t-elle durable ? Les coupés et les cabriolets semblent retrouver les faveurs du public après avoir été éclipsés à l'aune des crises économiques. Plusieurs projets de voitures sportives voient le jour pour satisfaire un individualisme confinant parfois à l'égocentrisme.

UNE ÉVOCATION DU SPYDER 550

Signé Grant Larson, le prototype du projet 986 est une réussite. Son projet a été retenu parmi quatre propositions. Ses lignes volontairement rétro s'inspirent directement du spyder 550 des années 1950 et du spyder 718 RS de 1960. Cette étude de style se caractérise par une architecture à moteur central (on n'a pas vu cela depuis la 914), un porte-à-faux allongé à l'avant et un porte-à-faux raccourci à l'arrière. Les sorties d'échappement latérales sur les bas de caisse constituent des éléments stylistiques marquants. Le concept Boxster inaugure une nouvelle technologie d'éclairage. Alors que les feux de code se trouvent sur le haut dans les phares principaux divisés verticalement, les unités à grande portée intègrent la partie inférieure.

Le traitement très épuré de la poupe renvoie au spyder 550. Baptisé Boxster – contraction de Boxer et de Speedster – ce concept est révélé au Salon de Detroit, en janvier 1993. Pour la première fois de son histoire, le constructeur allemand abandonne le principe de la numérotation pour ce véhicule qui a pour mission d'ouvrir une nouvelle ère. Le choix des États-Unis n'est pas innocent. C'est sur les terres de son premier marché que Porsche affirme sa foi en l'avenir et sa volonté de reconquête. Au pays de James Dean, la silhouette empruntée au spyder 550 marque un véritable retour aux sources de nature à séduire les fidèles et les nostalgiques. Avec ce concept de 2,40 m d'empattement et 4,11 m de long, Porsche échappe à l'instruction d'un procès en légitimité. Préfigurant le futur modèle d'accès à la gamme, le Boxster a l'allure et les gènes d'une véritable Porsche. Jusque dans le choix du coloris de la carrosserie, argent métallisé, coordonné à un intérieur en cuir aniline rouge orangé, le concept Boxster

La maquette échelle 1 du concept Boxster dans la cour du bureau de style Porsche de Weissach. (Archives Porsche AG)

Le concept Boxster en cours de finalisation dans le bureau de style. (Archives Porsche AG)

Autour de Harm Lagaay, le directeur du design, et du concept Boxster de 1993 sont réunis Grant Larson, Jörg Kirschbaum, Otto Geffert, Dorothea Müller-Goodwin, Klaus Ziegler, Stefan Stark et Peter Müller. (Archives Porsche AG)

Avec l'étude du Boxster, Porsche fait sensation au Salon de Detroit 1993. Le public adhère immédiatement à ses lignes évoquant les spyders de course des années 1950-1960. (Archives Porsche AG)

Ferdinand Alexander Porsche discute avec Horst Marchart et Helmuth Bott, les deux responsables du programme Boxster. (Archives Porsche AG)

L'habitacle mêle tradition et modernité. L'instrumentation à cinq cadrans est un héritage du passé ; l'écran LCD pour le système de navigation sur la console centrale projette dans le futur. (Archives Sylvain Reisser)

renvoie au spyder originel. Son habitacle se distingue par des sièges asymétriques, un écran central numérique et une instrumentation reposant sur cinq cadrans ronds analogiques. Le compte-tours est situé au centre. En mars, c'est au tour des Européens de faire connaissance avec ce projet de roadster, à l'occasion du Salon de Genève. Faut-il y voir un signe ? Sur le stand, Porsche célèbre les trente ans de la 911 à travers une série spéciale basée sur la 964.

LA 993, LA DERNIÈRE CLASSIQUE

La 964 sera restée à peine quatre ans sur le marché. En 1993, pour les trente ans de la 911, Porsche commercialise la 993. S'il conserve l'allure classique du modèle iconique de la marque, le modèle est nouveau à 85 %. Les designers ont soigné l'air de famille avec les modèles quatre cylindres. L'essieu arrière multibras constitue l'innovation majeure du nouveau véhicule toujours propulsé par le flat-six de 3,6 litres. Il délivre 272 ch à 6 100 tr/min. Comme la 964, la 993 se décline dans une multitude de variantes, mais il n'a pas le droit à la carrosserie Speedster. Pas question de marcher sur les plates-bandes du Boxster annoncé.

En 1996, la gamme Porsche ne compte plus que la 911 génération 993. Elle se décline en plusieurs versions. (Archives Porsche AG)

Les designers finalisent les détails de style du Boxster avant sa commercialisation. À noter que dès le début du projet, il avait été prévu de proposer un hard-top en option. (Archives Porsche AG)

LA FIN DES MOTEURS AVANT

Le développement du programme conjoint 986/996 condamne la famille des modèles à moteur avant dont les volumes ont dévissé nettement. La 968 et la 928 disparaissent ainsi du catalogue durant l'année 1995. Depuis 1994, la 968 n'était plus fabriquée qu'à la demande. Dans son dossier de presse du Salon de Genève 1995, Porsche indique que "le type 968 est encore produit jusqu'à épuisement des pièces en stock à l'usine. Les véhicules sont particulièrement destinés aux marchés britannique et américain." Même précision quelques lignes plus loin pour la 928 GTS dont le V8 atteint désormais 350 ch : "Le type 928 GTS continuera d'être produit jusqu'à épuisement des pièces en stock à l'usine. Ce modèle grand tourisme est essentiellement destiné aux marchés européens." Au total, ce sont près de quatre cent mille modèles Transaxle qui sortiront des chaînes. Les modèles quatre cylindres (924, 944 et 968) sont produits à 325 000 unités ; la 928 à 61 000 unités. Porsche profite de la timide reprise entamée, après l'année noire de 1993 qui a vu les immatriculations chuter de 15 %. En 1994, la firme de Zuffenhausen porte ses volumes à dix-huit mille unités. Ce redressement spectaculaire est dû au succès de la nouvelle 911 Carrera, dont les variantes se sont multipliées, et à la production des Mercedes 500 E et Audi RS2. Porsche a déjà produit dix mille exemplaires de la berline à l'étoile alors

Eté 1996 : quelques semaines avant sa commercialisation, des équipes de développement mènent une dernière campagne de tests dans la vallée de la Mort aux États-Unis. (Archives Greg)

que le projet initial prévoyait d'en produire quatre mille sur trois ans. Par ailleurs, les chaînes sortiront deux mille huit cent quatre-vingt-onze Audi RS2.

Si Porsche s'attache à mieux répartir les risques en s'ouvrant à de nouveaux marchés (l'Europe de l'Est et le Sud-Est asiatique), il retrouve aussi des couleurs sur le continent nord-américain. Les immatriculations atteignent cinq mille unités en 1994, mille deux cents de plus que l'année précédente. Comme ses concurrents, Porsche profite du rebond du marché américain. La baisse des coûts cumulée avec le regain de la demande permet d'absorber plus facilement le milliard et demi de marks d'investissement consacré au programme 986/996. Les résultats ne se font pas attendre. Porsche réduit ses pertes. L'année suivante, il sort du rouge, réussissant à dégager un bénéfice modeste de 2,1 millions de marks.

PORSCHE DE NOUVEAU DANS LE VERT

Début 1996, le Boxster est presque prêt à prendre la route. La dénomination du concept est conservée. En adoptant un nom à la place de la numérotation traditionnellement utilisée jusque-là, Porsche montre qu'il ouvre une nouvelle ère. La production des modèles de présérie a débuté le 13 octobre 1995 dans la nouvelle usine de Zuffenhausen. Entièrement modernisé, ce site de production, qui a bénéficié d'un investissement de 151 millions de deutsche marks sur l'exercice 1994-1995, est désormais capable d'accueillir indifféremment sur la même ligne des 911 et le Boxster. Concernant ce roadster, que ce soit en matière de calendrier, de qualité et de mise en production, tous les objectifs sont atteints. Wendelin Wiedeking le souligne lors de l'assemblée générale des actionnaires du 26 janvier 1996, qui se tient traditionnellement à la Liederhalle de Stuttgart : 1996 sera l'année du Boxster. Le lancement du nouveau modèle intervient alors que le constructeur a dégagé dix millions de marks de bénéfice au cours des six premiers mois de l'exercice 1995-1996. Les ventes ont augmenté de 17 % pour se porter à 9 589 véhicules, tandis que le chiffre d'affaires du groupe passa à 1,4 milliard de marks, en hausse de 19 %. Les effectifs ont augmenté à 6 897 (plus 115), essentiellement sur la base de recrutements pour le centre de recherches et de développement de Weissach. Si la phase d'assainissement est terminée, Wiedeking admet que les coûts fixes, bien que drastiquement réduits, restent comparativement élevés.

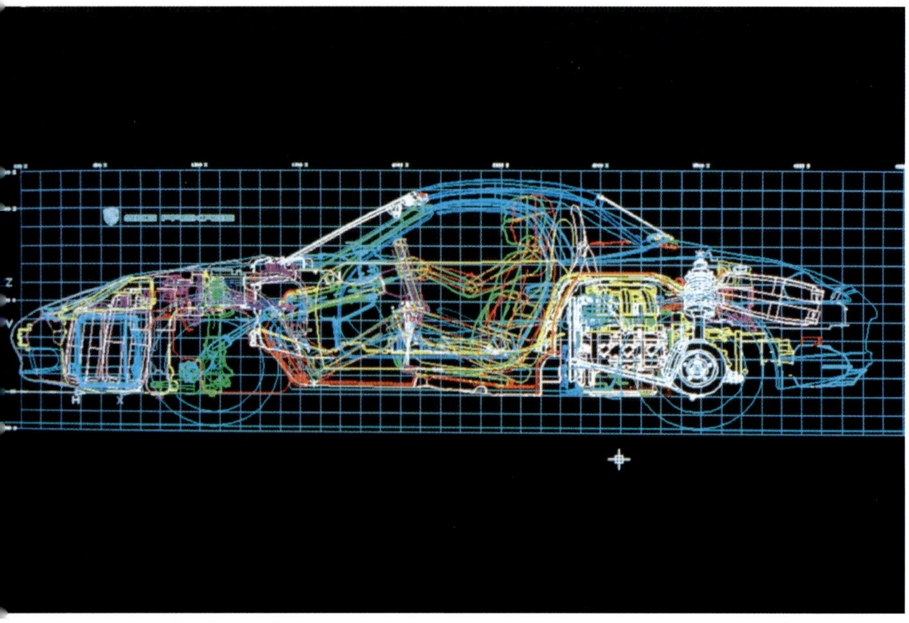

L'éclaté du Boxster montre une parfaite répartition des masses et l'installation du conducteur au centre de la voiture. (Archives Porsche AG)

LE SUSPENSE MÉNAGÉ

S'il est annoncé, le Boxster doit encore se faire désirer quelques mois. L'enthousiasme fait place à la déception lorsque les journalistes, se ruant sur le stand Porsche du Salon de Genève le 5 mars pour découvrir la version définitive du Boxster, se font remettre un communiqué de presse et une première photo officielle. Le directeur des relations publiques, Anton Hunger, prend soin de les accompagner d'un courrier dont voici la teneur.

"Chères collègues, chers collègues,

Six mois avant qu'il n'arrive, le 'Boxster', la plus jeune voiture de sport créée par la Maison Porsche, fera son apparition en public en septembre prochain. L'intérêt que les clients, les amateurs, les curieux et – cela se comprend – les médias portent à cette Porsche biplace pur-sang ne cesse de croître tous les jours. Cet intérêt ne nous a pas échappé et nous le comprenons parfaitement.

Pour vous affriander un peu, une première photo officielle de cette voiture de conception entièrement nouvelle soulèvera, à l'occasion du Salon international de l'automobile à Genève, un coin de voile étendu sur le 'Boxster'. Nous ne voudrions pas encore dévoiler tout, puisqu'il nous reste encore un peu de temps. C'est pourquoi, dans un premier temps, nous nous limitons à transformer le secret en un 'secret de Polichinelle'. Attendez la 'révélation' – cela vaudra le coup.

Avec nos meilleures salutations.

"Le communiqué de presse du 5 mars 1996

Un secret de polichinelle

Genève. Démarrage réussi de la présérie, commandes anticipées à la hausse, intérêt croissant de clients potentiels : juste à temps pour le compte à rebours des six derniers mois avant la présentation du nouveau roadster, la société Dr Ing. h.c. F. Porsche AG dévoile le secret "Boxster" avec une première photo officielle. Le design unique le montre d'emblée : la voiture de sport à deux places est une véritable Porsche. Elle est, tout comme le modèle 911 classique, une originale parmi les voitures de sport.

La nouvelle Boxster lie une apparence à l'élégance sportive à une conception de voiture de sport supérieure, de pure race. Le moteur de 150 kW (204 ch) à six cylindres opposés avec une cylindrée de 2,5 litres est un moteur à quatre soupapes refroidi par eau, disposé devant le train arrière, ce qui assure une répartition équilibrée de la masse et donne lieu par conséquent à un comportement routier agile. Cette conception de moteur central permet en outre d'avoir deux véritables coffres à bagages situés respectivement à l'avant et à l'arrière de la voiture. Les coffres faciles d'accès ont une capacité de 260 litres, extraordinaire pour une voiture de sport.

Entre le premier coup de crayon sur la planche à dessin et son lancement sur le marché, le Boxster aura eu une période de développement et d'essai de moins de quatre ans, un temps record dû aux *simultaneous engineerings* (études simultanées) alors que l'ensemble du véhicule, y compris tous les organes, a dû être développé sur une base tout à fait nouvelle.

Les premiers Boxster de présérie ont entre-temps été fabriqués dans la chaîne de production nouvelle installée à Zuffenhausen. Le démarrage de la production a répondu aux attentes du point de vue précision et qualité. Ce succès confirme le calendrier que Porsche avait annoncé lors de la présentation du concept Boxster en janvier 1993 à Detroit. La production en série du nouveau roadster commencera au début de l'été 1996 et la présentation aura lieu en septembre 1996. Le prix de 76 500 DM pour l'Allemagne correspond lui aussi à la fourchette annoncée il y a déjà trois ans. Plus de dix mille acomptes ont actuellement déjà été versés à notre réseau international."

Tout un symbole. Pendant que Porsche distribuait la première photo de son nouveau modèle, à Stuttgart, Fritz Huschke von

À l'issue des premiers essais, la presse salue le comportement d'une authentique Porsche. (Photos Greg)

Hanstein rendait son dernier souffle. Pilote devenu directeur sportif puis responsable des relations publiques, cet ambassadeur du constructeur allemand avait largement contribué à asseoir la réputation du spyder 550 sur les pistes du monde entier. Par un communiqué en date du 1er juillet 1996, on apprend que le public du Mondial de l'automobile de Paris aura la primeur du Boxster. Alors qu'il n'est pas encore commercialisé, ce roadster a déjà reçu le premier prix de l'International Magnésium Agency (IMA) de Ube, au Japon, pour le mécanisme de la capote composé d'éléments en magnésium coulé et réalisé par la société CTS.

UNE PORSCHE AUTHENTIQUE

L'été touche à sa fin lorsque les premiers journalistes peuvent essayer le Boxster, qui répare une occasion manquée depuis des décennies de lancer sur le marché un produit nouveau et totalement autonome. Le journaliste allemand Jürgen Lewandowski revient enchanté de son premier essai réalisé pour le mensuel *Automobiles Classiques* : "Le Boxster va bientôt combler de bonheur les amateurs sans porter ombrage aux inconditionnels de la 911." Le nouveau modèle se démarque résolument de la légendaire 911 tout en y faisant référence. Nous l'apprendrons plus tard lors de la présentation de la 911 génération 996, mais les deux voitures partagent 40 % de pièces communes, dont la carrosserie avant, le train directeur, le tableau de bord et la base moteur. Les ailes et le capot avant sont parfaitement interchangeables. De même pour l'emboutis extérieur des portières. Si le dessin des optiques est identique et s'il partage la même matrice d'emboutissage, le traitement des blocs optiques et des matériaux est différent sur la 911. Le partage d'un maximum de composants permet de réaliser des économies d'échelle substantielles, gage d'une réduction des coûts de production, mais aussi pour le Boxster d'accéder à une technologie et une qualité supérieures à

sa catégorie, tout en maintenant un prix de vente attractif. Le Boxster est un spyder moderne. L'aspect général et les formes sportives de l'étude de style de 1993 sont préservés. L'équipe réunie autour de Harm Lagaay a visé juste. La silhouette est dynamique et moderne, en phase avec la cible des clients potentiels dont la moyenne d'âge est de trente-cinq ans, dix ans plus jeune que celle de la 911. Avec un Cx aérodynamique de 0,31 et des valeurs de portance exceptionnellement faibles sur les essieux avant et arrière, il définit de nouveaux standards dans la catégorie. Par rapport au concept, la version de série demeure compacte. Elle mesure 4,31 m de long, 1,78 m de large tandis que la hauteur culmine à 1,29 m.

Le Boxster est une Porsche authentique. Le moteur, cette fois-ci, est à la bonne place. Il est installé à l'avant de l'essieu arrière, ce qui facilite le positionnement du Boxster par rapport à la 911. Il s'agit d'un six-cylindres à plat. Il répond jusqu'au prochain millénaire à des impératifs toujours plus rigoureux et complexes dans les domaines aussi vastes et antinomiques que l'augmentation de la puissance et du couple, la diminution de la consommation, une meilleure qualité des gaz d'échappement et un respect d'obligations toujours plus rigoureuses en matière de bruit. Pour répondre à toutes les contraintes, ce bloc est devenu, au fil des études, un moteur entièrement nouveau dont le

Réussite esthétique, le Boxster renoue avec les gènes Porsche avec son six-cylindres à plat en position centrale. Plusieurs mois avant sa commercialisation, le constructeur avait enregistré 10 000 précommandes. (Photos Greg)

seul point commun avec celui de la 911 est le principe de construction. Ce flat-six en aluminium de 2,5 litres est tout à fait inédit. Il inaugure en effet le refroidissement par eau ainsi que la technique des quatre soupapes par cylindre et le graissage par carter sec, des solutions arrivées à maturité en compétition dans la 911 GT1. Les chiffres sont éloquents : 204 ch à 6 000 tr/min et un couple maximal de 245 Nm atteint dès 4 500 tr/min. Plus de 200 Nm sont disponibles en permanence entre 1 750 et 6 500 tr/min. Ces valeurs sont obtenues avec une consommation et une qualité de gaz d'échappement qui, il y a peu, étaient encore inenvisageables pour des voitures de sport atteignant 240 km/h.

Roadster moderne, le Boxster dispose d'une capote électrique en tissu qui n'a besoin que de 12 secondes pour s'ouvrir ou se fermer. (Archives Porsche AG)

UNE TECHNOLOGIE DERNIER CRI

La conception du nouveau six-cylindres est bourrée d'astuces techniques. Le carter en aluminium dispose de surfaces de glissement de cylindres enrichies au silicium ; le nouvel échangeur huile-eau sonne le glas du radiateur à l'huile dans sa forme actuelle ; le vilebrequin à sept paliers repose sur une construction en aluminium et fonte grise. Les soupapes sont actionnées par quatre arbres à cames en tête et des poussoirs avec rattrapage hydraulique du jeu. Selon le système Variocam breveté par Porsche, des actuateurs disposés dans les chaînes de commande permettent de varier la durée d'ouverture des arbres à cames d'admission.

L'injection et l'allumage sont commandés par le système Motronic M 5,2 de Bosch bénéficiant d'un système de diagnostic surveillant en permanence tous les organes liés aux émissions afin de détecter d'éventuelles anomalies. Pour que l'utilisation de carburant de qualité inférieure à celle du super 98 reste sans préjudice pour le moteur, le système de distribution d'allumage dispose d'une régulation anti-cliquetis par cylindre. Voulu plus économique à l'usage, ce nouveau six-cylindres comporte également moins de pièces. Le moteur à deux soupapes de la 911 comporte 480 pièces, celui du Boxster 408 pièces.

Au niveau de la transmission, les clients ont le choix entre une boîte de vitesses manuelle à cinq rapports et une transmission automatique à cinq rapports de type Tiptronic. En déplaçant le levier vers la gauche, le conducteur prend la main et peut passer les vitesses en appuyant sur les boutons au volant. Dans le calculateur de la boîte, cinq programmes sont configurés et mémorisés. Quand le pied est retiré brusquement de l'accélérateur ou lors d'un freinage, la commande électronique, reconnaissant l'intention du conducteur de décélérer, ne passe pas la vitesse supérieure, mais rétrograde le cas échéant.

Ce qui fait le sel de ce roadster sportif deux places est qu'il se prête à une multitude d'usages. La capote électrique en tissu ne met que douze secondes pour s'ouvrir ou se fermer en appuyant sur un bouton, un record dans la catégorie. Elle ne fonctionne qu'à l'arrêt, frein à main serré. Un hard-top est proposé en option avec lunette arrière chauffante à 15 000 francs. Découvert, le Boxster dévoile un habitacle dans la tradition Porsche. La clé de contact est toujours à la gauche du volant et le tableau de bord comprend trois combinés d'instruments compacts et entrelacés. Le compte-tours de plus grand diamètre trône au centre, mais, c'est nouveau, il intègre une fenêtre permettant à la vitesse de s'afficher en numérique. En option, le Boxster inaugure le Porsche Communication Management (PCM), un système de communication intégré et novateur. Installé au centre du tableau de bord, le PCM regroupe toute une série

À la différence de l'étude du salon, l'instrumentation de la version de série se contente de trois cadrans. Le compte-tours, comme toujours chez Porsche, trône au centre. (Photo Greg)

La demande pour Boxster dépasse toutes les prévisions, au point que le constructeur est obligé de confier une production additionnelle au constructeur finlandais Valmet. (Archives Porsche AG)

de fonctions en un seul appareil, les fonctionnalités et leurs commandes étant si intuitives qu'elles ne nécessitent pratiquement aucune explication.

Alors que le volant est réglable en profondeur, le siège conducteur est à réglage manuel de série. La plupart des équipements de confort sont en option afin de proposer un prix de vente attractif. C'est ainsi que la climatisation et les sièges sport offrant un maintien latéral plus ferme sont proposés en supplément. Parmi les différentes options, le Boxster peut accéder aux roues de 17 pouces, au châssis surbaissé comprenant des barres stabilisatrices et des amortisseurs plus fermes, ainsi qu'un système antipatinage ASR couplé au pont autobloquant ABD (5 590 francs).

Pour répondre aux études qui montrent que la clientèle cible du Boxster pratique de nombreuses activités sportives pendant les loisirs, les techniciens et stylistes ont conçu un coffre plus vaste et développé des systèmes de transport de vélo et de surf. C'est ainsi que la capacité des deux coffres totalise 260 litres répartis équitablement entre l'avant et l'arrière. Cet excellent résultat a pu être obtenu grâce à l'usage d'essieux de type McPherson et de bras oscillants transversaux inférieurs en aluminium. Une solution aussi économique que peu encombrante. À l'avant, le train de roulement recourt à des barres de connexion dont l'effet stabilisateur a déjà fait ses preuves avec l'essieu Weissach de la 928. À la limite d'adhérence dans les virages, le système produit une correction élasto-cinématique du pincement. Un spoiler arrière rétractable qui sort automatiquement au-dessus de 120 km/h pour augmenter l'appui aérodynamique contribue à l'efficacité du comportement. Pour la précision de conduite, les ingénieurs adoptent une direction assistée hydraulique à crémaillère. En matière de freinage, le Boxster innove, accueillant pour la première fois en série des étriers monoblocs à quatre pistons en alliage léger. Un système issu de la 911 GT1 de compétition. Les disques intègrent de série le système antiblocage ABS. La monte pneumatique de série est de 16 pouces : 205/55 ZR 16 à l'avant et 225/50 ZR 16 à l'arrière. Le poids n'excède pas 1 250 kg avec la boîte manuelle, 1 300 kg avec la transmission Tiptronic. Le Boxster revendique une vitesse de pointe de 240 km/h, 235 km/h avec la transmission Tiptronic. Il accélère de 0 à 100 km/h en 6,9 secondes (7,4 secondes avec la boîte automatique).

Le catalogue Porsche au début de l'année 1997 : le Boxster partage l'affiche encore pour quelques mois avec la 911 type 993. (Archives Porsche AG)

Au niveau de la sécurité passive, le Boxster répond également à un cahier des charges sévère. Il possède un système de sécurité anti-retournement sophistiqué assurant la protection des occupants en cas de tonneau. Les montants avant extrêmement résistants à la pression intègrent un tube à rigidité élevée conférant au cadre de pare-brise une stabilité très élevée. L'arceau de sécurité installé directement derrière les sièges contribue également à protéger la cellule de survie des occupants en cas de tonneau.

En dépit de la concurrence de la BMW Z3 et de la Mercedes SLK, le Boxster connaît un succès immédiat. Considéré par les clients comme une véritable Porsche, il incarne le meilleur de la tradition de la marque tant en matière de dynamique de conduite que d'esthétique, d'aptitudes à l'usage au quotidien et de polyvalence. Il réussit à offrir l'agilité et le plaisir de conduite de sa grande sœur pour un prix inférieur de moitié à celui d'un cabriolet 911. À partir de 278 000 francs, le nouveau roadster s'adresse à une clientèle plus jeune, plus féminine et moins élitiste. Symbole de cette évolution, le Boxster est disponible dans des versions plus colorées, jaune paille, par exemple. Les adolescents n'échappent pas non plus au Boxster. La nouvelle Porsche est la vedette d'un jeu vidéo sur la console PlayStation de Sony.

LE PREMIER BOXSTER PLONGE DANS LA LOIRE

Partout, le Boxster suscite la curiosité, l'envie. Tous les médias veulent l'essayer, et chacun veut être le premier. En France, Stephan Roux, le responsable des relations publiques, est submergé de demandes et de coups de téléphone de journalistes. Tous supplient de tester le premier exemplaire arrivé en France pour le service de presse, un modèle gris, intérieur en cuir orange. Finalement, l'hebdomadaire *Auto Hebdo* sera le premier de la liste. Le soir même, le photographe du magazine spécialisé appelle Sonauto Porsche à Saint-Ouen-l'Aumône. À sa voix, Stephan Roux comprend qu'il est arrivé quelque chose. Un accident ? Plus cocasse : le Boxster a disparu dans la Loire. Le photographe avait garé le Boxster sur un ponton d'accès au fleuve. Il faisait des photos au téléobjectif lorsque le Boxster a commencé à glisser inexorablement vers l'eau pour une raison jamais élucidée. Sans doute un frein à main mal serré ? Toujours est-il que la Porsche est partie dans le fleuve, a flotté avant que ses clignotants s'activent, que sa capote se referme automatiquement et qu'elle disparaisse dans le fleuve ! Le Boxster débuta sa carrière de manière plutôt insolite, mais l'importateur Sonauto Porsche se serait

Porsche convie ses distributeurs du monde entier à découvrir le Boxster lors d'un événement mémorable à Scottsdale, en Arizona. Stephan Roux, à l'époque responsable des relations publiques de Sonauto Porsche, a conservé un souvenir ému de cette manifestation où Wendelin Wiedeking assistait à tous les ateliers. (Archive Stephan Roux)

En 1998, la gamme Porsche ne compte plus que le Boxster et la 911 type 996 déclinée en coupé et en cabriolet. (Archives Sylvain Reisser)

sans doute bien passé de cette mésaventure qui obligea à attendre la livraison d'autres véhicules pour que les magazines spécialisés puissent enfin étalonner le véhicule sur leurs bases d'essai. Heureusement, des essais internationaux avaient été organisés par Porsche AG en Autriche dès la fin du mois d'août. Par ailleurs, les distributeurs de la marque avaient été conviés à essayer, entre fin septembre et début octobre 1996, le véhicule lors d'une présentation en Arizona, à Scottsdale. Tous les participants étaient revenus rassérénés de leur séjour américain où la seule présence de Wendelin Wiedeking avait souligné l'importance capitale de l'événement. Le Boxster faisait souffler un vent de fraîcheur sur la marque. Une dynamique s'était enclenchée.
Les premiers comptes rendus de la presse sont dithyrambiques. Dans son numéro d'octobre 1996, le mensuel *L'Automobile Magazine* explique que "malgré le refroidissement liquide imposé par les contraintes antipollution plus sévères, le

LA 911 FAIT SA RÉVOLUTION

Bien que développée en même temps que le Boxster, la 911 génération 996 pointe le bout de son capot au Salon de Francfort, un an après sa petite sœur, pour des raisons purement commerciales et économiques. Plus longue (+ 18 cm), plus large (+ 3 cm) et pourtant allégée de 50 kg par rapport à la 993, la nouvelle 911 adopte une carrosserie plus fluide. Dérivé du 2,5-litres du Boxster, le flat-six 3,4 litres se convertit aussi au refroidissement à eau. Accolé à une nouvelle boîte six vitesses, il fournit 300 ch et autorise une vitesse de pointe de 280 km/h. L'essieu avant doté de bras transversaux et longitudinaux et l'antipatinage livré en option concourent au progrès du comportement routier. Proche de celui du Boxster, le tableau de bord a perdu le cachet des modèles précédents et l'habitacle souffre de plastiques à l'assemblage médiocre. Vendue au même prix que la 993, la nouvelle 911 plus moderne est aussi moins chère à fabriquer.

(Archives Porsche AG)

PORSCHE ET LE MANS, UNE HISTOIRE D'AMOUR

(Archives Porsche AG)

La preuve que le constructeur retrouve des couleurs, à la fin de l'année 1995, le département compétition obtient le feu vert pour concevoir une voiture capable de jouer les premiers rôles dans la catégorie GT1 qui anime les courses d'endurance. Bien qu'homologuée pour la route, la 911 GT1 est plus proche d'un prototype que d'une GT. Pour couper court à toutes les rumeurs, Porsche prend soin d'amener une GT1 immatriculée dans la Sarthe. Si toute la partie avant du châssis utilise le soubassement de la 911, le six-cylindres à plat biturbo de 3 164 cm^3 installé en position centrale s'inspire des études de la 962 et de la 959. Il fournit 600 ch à 7 200 tr/min. Au Mans, les GT1 dominent l'épreuve et, sans une faute de Hans Stuck, la GT1 aurait pu remporter l'épreuve. Porsche remporte tout de même la course grâce à la TWR-Joëst. La firme allemande revient en 1997 avec une voiture passablement modifiée et arborant les projecteurs du Boxster. Les deux voitures usine se dirigent vers un doublé lorsque, à quelques heures de l'arrivée, une sortie de route puis un incendie offrent la victoire sur un plateau à une TWR-Joëst à moteur Porsche. En 1998, pour son cinquantenaire, Porsche croise les doigts. Châssis carbone, carrosserie très évoluée, cylindrée augmentée, boîte de vitesses à commande séquentielle : le département compétition est presque reparti d'une feuille blanche. Il fallait bien cela, car cinq marques sont candidates à la victoire. Après la déroute des Toyota, les deux 911 GT1 de McNish-Ortelli-Aiello et Müller-Wollek-Alzen signent le doublé. Porsche ne pouvait pas rêver plus beau tremplin pour promouvoir le couple 986/996.

six-cylindres à plat conserve une vraie sonorité Porsche. Légèrement étouffée, un peu moins métallique, mais toujours envoûtante." Et de poursuivre : "Il ne faut pas longtemps pour apprécier le caractère du Boxster. Malgré l'assistance, la direction réclame du biceps, mais elle offre en contrepartie une bonne précision et une excellente perception de la route. Son comportement se signale d'abord par sa stabilité : une petite tendance au sous-virage, à la limite, mais une adhérence et un équilibre étonnants. Nous voilà rassurés, le Boxster est une vraie voiture de sport. Et une vraie Porsche !"

Au bord du gouffre encore trois ans auparavant, le constructeur allemand est désormais en pleine santé, explosant ses records de vente grâce au Boxster. Entre les mois d'août 1996 et de janvier 1997, les ventes bondissent de 25 % pour atteindre 12 800 véhicules, dont 3 150 Boxster. Le chiffre d'affaires sur la même période grimpe à environ 1,7 milliard de marks, en progression de 20 %. Pour répondre à la demande soutenue qui allonge les délais de livraison au-delà de quatre mois dans certains pays et qui font tourner l'usine de Zuffenhausen à plein régime, Porsche est obligé de confier la fabrication additionnelle de cinq mille Boxster par an au constructeur automobile finlandais Valmet Automotive Inc. Grâce à la progression de ses ventes, Porsche triple son bénéfice net à 36 millions de marks au premier semestre de l'année automobile 1996-1997. Et les prévisions sont sans cesse revues à la hausse. En 1997, avec le début de la commercialisation aux États-Unis, Porsche prévoit de vendre quinze mille Boxster. Avec la 993 et la nouvelle 996 dont les premières

livraisons débutent à l'automne 1997, le constructeur vise une production de trente mille véhicules.
Malgré le retour d'une croissance rentable, Porsche reste fragile. Wendelin Wiedeking a acquis la conviction que le futur de la marque ne peut s'appuyer que sur deux modèles appartenant à la catégorie des voitures de sport. Dès le début de l'année 1997, il ne cache pas réfléchir à un troisième véhicule qui pourrait être un 4x4 haut de gamme. Des ambitions rendues possibles grâce à un bénéfice en nette progression à 139,4 millions de marks, pour un chiffre d'affaires de 4,1 milliards de marks. Toutes les études attestent d'un engouement de la clientèle pour ces véhicules. Porsche réfléchit s'il serait plus intéressant de le concevoir seul ou en partenariat avec une autre firme automobile. La question du site de production est aussi primordiale, car cela ne pourra pas être l'usine de Zuffenhausen, complètement saturée. "Nous sommes déterminés à entrer sur ce segment, mais cela doit être rentable", affirme Detlev von Platen, à l'époque directeur de Porsche France. Le constructeur se montre cependant très prudent, car il a déjà été échaudé par l'échec d'un projet similaire avec Mercedes. Les deux firmes discutaient sur la mise au point d'un 4x4 dérivé du Classe M de Mercedes qui serait fabriqué aux États-Unis, mais Mercedes s'est montré trop gourmand, exigeant une participation dans le capital de Porsche.
Lors de l'exercice 1998, Porsche compte vendre au moins trente-huit mille véhicules et franchir le cap des 4,5 milliards de marks de chiffre d'affaires. Ces résultats profitent d'une

Pour séduire une nouvelle clientèle tournée vers les loisirs, Porsche développe un catalogue d'équipements. (Archives Sylvain Reisser)

FERRY PORSCHE, LE FONDATEUR QUITTE LA SCÈNE

Ferdinand Anton Ernst, plus connu sous le diminutif Ferry, décède le 27 mars 1998 dans son fief autrichien de Zell am See. Sans doute soulagé et rasséréné de savoir que la firme qu'il a fondée cinquante ans auparavant est sur la voie de la résurrection avec le programme 986/996. Élevé dans le culte de l'automobile et de la vitesse avec son père Ferdinand Porsche, c'est sans surprise que Ferry réclamait déjà une voiture à dix ans. Elle arriva à Noël 1919. Le père découvrit éberlué que son gamin savait déjà conduire. Vite et avec adresse. Les gendarmes fermaient les yeux au passage du chenapan. À ses seize ans, un permis de conduire lui serait accordé à titre exceptionnel. En suivant ses convictions, Ferry a réussi à hisser Porsche parmi les marques les plus désirables de l'univers des voitures de sportifs. Souvent, il déclarait que la dernière automobile serait une voiture de sport.

(Archives Porsche AG)

restructuration complète de sa présence géographique. En 1989, les Porsche étaient vendues dans vingt-deux pays seulement. À présent, soixante-neuf pays en commercialisent.

UN CAPITAL SÉDUCTION RENFORCÉ

Le Boxster entame la seconde année de commercialisation, inchangé. En revanche, Porsche a développé deux kits de valorisation, Trend et Sport Design. Le kit d'équipement Trend met des touches de couleur discrètes dans l'habitacle, grâce au gris graffiti et à l'anthracite. Le Boxster Trend est uniquement disponible en bleu zénith métallisé et en turquoise libellule métallisé. La capote pliante est obligatoirement de couleur gris graffiti alors que les sièges sont habillés d'un tissu gris graffiti-anthracite.

Le kit Sport Design fait entrer le gris métal dans l'habitacle. La partie inférieure du porte-instruments, les bagues cerclant les instruments, les caches des éléments de commande (y compris ceux des sièges), la sortie d'air centrale, les coquilles de sièges, les ferrures des sièges, les caches de poignées de porte, les couvercles des vide-poches intégrés dans les portières et l'insert dans le pommeau de levier de vitesses sont peints dans ce coloris. Un nouveau volant à trois

Le Boxster S se différencie aussi de la version 2,7 litres par ses cadrans à fond blanc soulignés d'une couleur aluminium et un tableau de bord recouvert d'un vernis noir. (Dominique Fontenat)

Fin 1999, le constructeur lance une version S très attendue de la clientèle. Ce modèle animé par un six-cylindres 3,2 litres de 252 ch se distingue par un embout d'échappement double. (Photo Greg)

Doté de performances rehaussées, le Boxster S est associé à une nouvelle boîte manuelle à six rapports. (Photo Greg).

branches et airbag intégré en cuir noir complète la dotation. Le cuir investit également la poignée du levier de frein à main, le pommeau de levier de vitesses, le cache de l'airbag passager, le revêtement de l'arceau de sécurité, la console centrale et la partie supérieure du porte-instruments. Le kit Sport Technic que le propriétaire de Boxster peut commander en plus comprend le système de contrôle de traction, des ressorts, des amortisseurs et des barres stabilisatrices plus fermes, un surbaissement du train roulant ainsi que des jantes de 17 pouces chaussées de pneus de 205/650 ZR 17 à l'avant et de 254/40 ZR 17 à l'arrière.

À partir du millésime 1998, le Boxster rehausse la sécurité et le confort au quotidien. Il peut recevoir des airbags latéraux en option et une aide au stationnement reposant sur un radar de recul couplé à quatre capteurs télémétriques implantés dans le bouclier arrière. Comme sur la 911, des sièges à commande électrique et à fonction mémoire sont à présent disponibles sur le Boxster.

UN BOXSTER PLUS PERFORMANT

À l'automne 1999, alors que Wendelin Wiedeking annonce une hausse de 34,8 % du résultat à 190,87 millions d'euros résultant d'une hausse des ventes de 19,9 % à 43 982 unités, le Boxster enregistre sa première évolution. Outre l'amélioration des performances de la version de base, le constructeur crée une gamme avec le développement d'une version S très attendue de la clientèle qui trouvait que le roadster Porsche manquait de punch. La sonorité du nouveau modèle a été particulièrement soignée. Elle se distingue clairement de celui de la 911, destinée à une clientèle plus âgée. "Nous avons accentué les aigus de telle sorte que le moteur chante dès que l'on appuie un peu sur l'accélérateur. Cela plaît à la plus jeune génération", explique-t-on chez le fabricant allemand. La ligne d'échappement biflux du nouveau Boxster S renferme, elle aussi, une technique ultramoderne sous forme de deux pots catalytiques trifonctionnels à revêtement trimétallique. Les corps métalliques sont pour la première fois revêtus d'un mélange de platine, de rhodium et de palladium, présentant

La transmission automatique Titpronic s'accompagne de touches au volant. (Archives Bernard Asset)

L'apparition du Boxster S coïncide avec l'adoption de clignotants avant à verre blanc, au lieu des verres orange. (Archives Dominique Fontenat)

une résistance thermique accrue et entrant en action à des températures plus basses, comparés aux revêtements bimétalliques utilisés par le passé.

UNE ÉVOLUTION MESURÉE

Le six-cylindres à plat voit sa cylindrée portée à 3,2 litres. Il fournit désormais la puissance de 252 ch à 6 250 tr/min tandis que le couple de 305 Nm est disponible dès 4 500 tr/min. Les motoristes ont surtout amélioré le couple dans la plage des régimes inférieurs et supérieurs. La culasse à quatre soupapes par cylindre, le calage VarioCam des arbres à cames et, pour la première fois, le système d'admission à résonance bi-étage, garantissent une caractéristique de couple corsée jusqu'au régime maximal de 7 200 tr/min. La gestion moteur est assurée par le système Motronic ME 7.2, qui a déjà fait ses preuves sur la 911 Carrera 4. Par rapport au système M 5.2 connu du Boxster précédent, le ME 7.2 se distingue surtout par la fonction de l'accélérateur électronique. L'avantage de celui-ci n'est pas seulement de mieux atténuer les réactions au cycle de charge. Il permet de mieux lisser les démarrages, les passages de vitesse sur la boîte Tiptronic S et la régulation antipatinage.

Le Boxster S atteint 100 km/h en 5,9 secondes et n'a besoin que de 10,3 secondes pour passer de 80 à 120 km/h sur le sixième rapport. La vitesse de pointe est désormais portée à 260 km/h. Le nouveau six-cylindres à plat est associé à une boîte manuelle à six rapports. La vitesse maximale est bien entendu atteinte sur le dernier rapport. Sur demande, le Boxster S peut être commandé avec la boîte Tiptronic S à cinq rapports dont les démultiplications ont été adaptées aux performances routières accrues. Les cinq rapports permettent sans aucun problème d'exploiter individuellement la puissance moteur disponible sur la plage de vitesse de chacun des rapports. La fonction d'intervention manuelle momentanée lorsque la boîte est en mode automatique est une nouveauté. Grâce aux touches à bascule intégrées au volant, cette fonction permet un changement manuel du rapport enclenché, même si le sélecteur reste en position D.

Pour s'adapter à la hausse des performances et du poids (plus 45 kg), les réglages du train de roulement sont revus en faveur d'une plus grande fermeté. Contrairement à l'essieu avant, pour lequel les ingénieurs se sont contentés d'un nouveau réglage, l'essieu arrière a été adapté aux performances accrues grâce à une nouvelle conception du guidage des roues. Des leviers allongés entre les supports de roue et les bielles de pince augmentent la résistance au couple de pincement et, en compression, la variation du pincement est moins importante. De plus, des roulements de roue plus grands augmentent la résistance de carrossage. Ces deux points favorisent la stabilité directionnelle à vitesse élevée et en virage.

Le système de freinage a été redimensionné pour s'adapter aux performances accrues. Il est identique à celui qui équipe la 911 Carrera. À l'avant, leur diamètre est maintenant de 318 mm, alors que leur largeur est portée à 28 mm. Sur l'essieu arrière, les disques ont désormais un diamètre de 299 mm et une largeur de 24 mm. De plus, les disques de frein sont ajourés, ce qui n'améliore pas seulement le refroidissement, mais aussi la réponse lorsque les freins sont mouillés. La pellicule d'eau se formant entre le disque et la garniture de frein est ainsi éliminée avec efficacité. Dans ce contexte, le principe des étriers fixes à quatre pistons en aluminium joue également un rôle déterminant. Le concept monobloc que Porsche a fait breveter se retrouve bien évidemment aussi sur le Boxster S qui profite ainsi des atouts connus de ce système : rigidité élevée des composants, dissipation optimale de la chaleur et fiabilité élevée. Le Boxster S adopte par ailleurs une monte pneumatique de 17 pouces de série : les jantes en alliage léger de 7J x 17 ET 55 à l'avant et de 8,5J x 17 ET 50 à l'arrière chaussent respectivement des pneumatiques de 205/50 ZR 17 et de 255/40 ZR 17.

UNE DOTATION ENRICHIE

Extérieurement, outre les jantes de 17 pouces ornées du blason Porsche sur fond noir et les étriers de freins ajourés peints en rouge, le Boxster S se différencie du Boxster par une prise d'air centrale supplémentaire dans la proue, et dans la poupe un embout d'échappement double se substituant à l'embout ovale. L'équipement de série est plus complet et plus statutaire. Le tableau de bord est ainsi recouvert d'un vernis soft noir. Les ouvrants des capots et des portes, ainsi que la platine de commande et l'insert du pommeau du levier de vitesse affichent, quant à eux, un look aluminium sportif.

UN SUPERCAR AUX AIRS DE GROS BOXSTER

Surprise ! En octobre 2000, Porsche dévoile au petit matin dans Paris, quelques heures avant l'ouverture du Salon parisien aux professionnels, une étude de voiture de sport hautes performances baptisée Carrera GT. Dérivé d'un projet avorté de prototype élaboré pour les 24 Heures du Mans, ce spyder conçu autour d'une cellule monocoque en matériau synthétique renforcé de fibres de carbone ressemble à un gros Boxster. La Carrera GT est animée par un V10 de 5,5 litres affichant 612 ch dans sa version définitive. Sa production en série limitée débute à la fin de l'année 2003.

(Archives Porsche AG)

Les cadrans de l'instrumentation sont soulignés d'une couleur aluminium. La sellerie s'enrichit de série de suédine dans sa partie centrale. Autre attention : les bas de caisse sont ornés du monogramme "Boxster S". Pour parachever son caractère exclusif, le Boxster S bénéficie, de plus, de toute une série de détails rehaussant le confort. Ces équipements standards sont entre autres : le système antivol avec surveillance de l'habitacle, une radio-télécommande avec déverrouillage électrique du capot arrière, des essuie-glaces à balayage intermittent réglable individuellement, des miroirs de courtoisie éclairés ainsi que le volant sport à trois branches gainé cuir arborant un blason Porsche couleur aluminium. En plus de l'airbag frontal pour le conducteur et le passager, l'équipement standard du Boxster S comprend le système de protection antichoc latérale POSIP (Porsche Side Impact Protection) avec airbags latéraux. La particularité du POSIP : les deux sacs gonflables sont conçus de sorte à pouvoir déployer leur effet protecteur même dans un cabriolet décapoté. Porsche est le seul constructeur à proposer ces airbags latéraux adaptés aux spécificités du cabriolet. D'un volume de 30 litres chacun, ils n'offrent pas seulement la protection habituelle au niveau des épaules, ils amortissent aussi le corps des occupants, du thorax à la tête, si jamais une collision latérale venait à se produire.

DE 2,5 À 2,7 LITRES

De son côté, le Boxster, qui a déjà été produit à cinquante mille unités depuis 1996, voit sa puissance gagner 16 ch pour délivrer 220 ch à 6 400 tr/min à partir du millésime 2000 grâce à une augmentation de la cylindrée à 2,7 litres par une hausse de la course de 72 mm à 78 mm. Le couple est porté à 260 Nm à 4 750 tr/min. Ce nouveau moteur à vingt-quatre soupapes se signale par l'adoption du calage variable des arbres à cames VarioCam, d'un système d'admission à résonance bi-étage ainsi que de la nouvelle gestion moteur avec accélérateur électronique. La gestion moteur profite des développements du six-cylindres 3,2 litres du Boxster S. Le câble d'accélérateur mécanique est remplacé par la gestion moteur électronique Motronic ME 7.2. Ses avantages sont évidents : l'accélérateur électronique ne permet pas seulement de mieux filtrer les réactions au cycle de charge, mais aussi de lisser les démarrages, les passages de vitesse sur la boîte Tiptronic S et les régulations de l'antipatinage. En même temps, la nouvelle gestion moteur accélère le chauffage du pot catalytique lors de la mise en température du moteur, si bien que le système de dépollution atteint plus vite un taux de conversion élevé des gaz polluants.

Toujours équipé d'une boîte mécanique à cinq rapports, le Boxster 2,7 litres atteint 100 km/h en 6,6 secondes et affiche une vitesse de pointe de 250 km/h. Néanmoins, l'étagement a été revu pour une conduite sportive. Les rapports de démultiplication sont adaptés à la puissance accrue du moteur et au régime maximal qui a augmenté de 500 tr/min. Lorsque le conducteur adopte une conduite sportive, il n'enclenchera le cinquième rapport qu'au-delà de 200 km/h.

Le constructeur en a profité pour valoriser l'équipement. Outre l'arrivée de série des airbags latéraux avec protection de la tête, le Boxster multiplie les éléments en cuir : jante du volant, levier de vitesses, poignée du levier du frein à main ou celle de la porte. Les sièges sont aussi habillés de suédine. Le Boxster abandonne les clignotants orange à l'avant pour des verres gris. Enfin, Porsche, qui ne laisse décidément rien au hasard, équipe ses Boxster d'un nouveau réservoir d'essence portant la capacité de 57 à 64 litres. L'autonomie progresse de 70 km.

Comme la 911, le Boxster a droit à un programme de personnalisation intégrant de nombreux équipements supplémentaires. (Archives Porsche AG)

C'est l'un des principaux griefs des clients : les faces avant du Boxster et de la 996 sont trop proches. Porsche va y remédier. (Archives Porsche AG)

PORSCHE, CHAMPION DE LA RENTABILITÉ

Porsche aborde le nouveau millénaire avec un moral d'acier. Son chiffre d'affaires a été multiplié par quatre en huit ans. Pour accompagner une croissance de son activité de l'ordre de 10 % par an, le constructeur allemand a décidé de contrôler sa distribution dans de nombreux pays. Il a raccourci les délais de livraison. L'attente pour la 911 a ainsi été divisée par deux. "La valeur de l'action Porsche est la plus forte du secteur automobile. Elle se traite à près de 4 000 euros à Francfort et affiche la plus forte progression (plus 40 %) de l'année, dans sa catégorie", explique alors Wendelin Wiedeking. Ces performances peuvent surprendre de la part d'un groupe de taille modeste, dont la prise de contrôle par un tiers est souvent prédite. Mais, pour le patron de Porsche, performance et indépendance sont liées : "Nous sommes une petite entreprise, mais notre savoir-faire nous permet d'activer des processus de développement beaucoup plus performants et plus réactifs que les autres constructeurs. Quant à notre indépendance, si on analyse les fusions dans notre industrie, 70 % à 80 % d'entre elles n'ont pas donné le résultat escompté." Le constructeur de Zuffenhausen autofinance ses investissements jusqu'à 18 % de son chiffre d'affaires, et il n'est pas endetté. Son trésor de guerre lui ouvre de nouveaux horizons. Alors qu'il a officialisé la commercialisation en fin d'année 2002 du Cayenne, un SUV de luxe conçu et développé avec Volkswagen, il étudie le lancement en 2003 d'un nouveau modèle sportif haut de gamme. Pour assembler la troisième gamme, celle du projet E1, dit Cayenne, Porsche érige une nouvelle usine à Leipzig. L'investissement global se chiffre à un milliard de deutsche mark, soit 3,4 milliards de francs, pour produire le premier véhicule Porsche à cinq portes et cinq places. Tous les voyants sont au vert à Zuffenhausen. Aux États-Unis, où le constructeur écoule la moitié de la production, la nouvelle 911 Turbo (génération 996) rencontre un tel succès que les délais de livraison atteignent trois ans.

Depuis le millésime 2001, le Boxster bénéficie de quelques améliorations. Les Boxster S équipés de sièges à réglage entièrement électrique (équipement optionnel), la fonction mémoire du côté conducteur peut, pour la première fois, être activée par un bouton intégré à la clé de contact. Le déverrouillage des capots avant et arrière est désormais activé par un système électrique. En phase avec son époque, le Boxster propose désormais une antenne de téléphone, intégrée entre l'extrémité supérieure du capot du coffre et le pare-brise. Par ailleurs, comme le Boxster S, le Boxster 2,7 se dote d'une capote doublée réduisant le niveau sonore dans l'habitacle. En plus du volant à trois branches à l'écusson Porsche de couleur, désormais de série, le combiné d'instruments des deux modèles hérite du graphisme de la 911 Turbo. L'affichage numérique de la vitesse est déplacé à gauche, sous l'aiguille du tachymètre. L'espace dégagé dans la partie inférieure du compte-tours

Le Boxster bénéficie de la même attention que les autres modèles de la gamme. Pour le millésime 2003, les deux versions gagnent 8 ch. (Archives Porsche AG)

central est désormais exploité pour un grand visuel affichant non seulement le kilométrage total et le niveau d'huile vérifié automatiquement, mais aussi le kilométrage journalier ou bien des informations de l'ordinateur de bord (équipement optionnel). Dans le visuel de l'instrument rond de droite, l'heure est affichée en numérique comme déjà auparavant, mais par des chiffres nettement plus grands. De plus, le combiné d'instruments a été amélioré, la lecture n'étant plus gênée par des effets de lumière secondaire, et des diodes lumineuses d'une grande longévité sont venues remplacer les ampoules utilisées jusque-là. Avec le millésime 2001, la gamme Boxster peut être commandée avec le Porsche Stability Management (PSM). Le régulateur dynamique de la stabilité n'intervient cependant que si la voiture atteint les limites imposées par la physique, régulant la gestion moteur et freinant les roues concernées pour stabiliser le véhicule. À destination de ses clients les plus sportifs, Porsche offre cependant la possibilité de désactiver le système à l'aide d'un bouton.

QUELQUES CHEVAUX DE PLUS

Devenu une véritable ligne de produits ayant son existence propre, le Boxster bénéficie de la même attention que la 911. Alors que ses ventes ont connu un léger tassement au cours de l'exercice, la firme allemande annonce de nouvelles évolutions pour le millésime 2003. Cela ne l'empêche pas d'enregistrer un nouveau bénéfice record. Comme souvent chez Porsche, le programme de bonification est mesuré. La puissance des deux six-cylindres à plat augmente de 8 ch pour afficher 228 ch à 6 300 tr/min sur le Boxster et 260 ch à 6 200 tr/min sur la déclinaison S. L'augmentation de la puissance couplée à une réduction de la consommation et des émissions polluantes résulte de l'adoption d'une nouvelle technique du système VarioCam. Ses fonctions sont gérées par la nouvelle gestion Motronic ME 7.8 inaugurée sur la 911 Turbo. Cette gestion moteur électronique, spécialement conçue pour répondre aux exigences élevées, intègre entre autres le régime moteur, la position de l'accélérateur, le débit d'air, la température de l'huile moteur et celle du fluide de refroidissement, ainsi que la vitesse enclenchée. Si le couple est identique sur la version 2,7, il augmente de 5 Nm sur le modèle S, 1 000 tr/min plus haut. Le Boxster S n'a besoin que de 5,7 secondes pour

atteindre 100 km/h ; le Boxster 2,7 litres, 6,4 secondes, soit un gain de deux dixièmes. Quant à la vitesse maximale du modèle de base, elle est désormais de 253 km/h.
Le Boxster 986 Phase II se reconnaît à ses prises d'air latérales redessinées et à ses nouveaux boucliers. Les verres abritant les clignotants à l'arrière sont blanc-gris. Les designers ont aussi retouché l'embout d'échappement double et l'aileron arrière. La principale évolution attendue par les clients concerne l'arrivée d'une lunette arrière chauffante en verre grâce à l'intégration d'un quatrième arceau de capote. Ce dispositif remplace avantageusement l'ancienne capote dont le plastique vieillissait mal. Pour répondre à la demande de certains marchés comme les États-Unis, l'habitacle s'enrichit d'un porte-gobelet et d'une boîte à gants de 5 litres de capacité fermant à clé. Autre modification contribuant au raffinement de l'habitacle : la couleur du cuir habillant certains équipements comme le volant, le levier de vitesses et les poignées de porte s'harmonise avec le coloris de la sellerie. Cela va changer la vie au quotidien, les capots avant et arrière se déverrouillent désormais à l'aide de la télécommande. Le Boxster S s'offre enfin de nouvelles jantes en alliage léger de 17 pouces.

UNE SÉRIE SPÉCIALE

En 2004, alors qu'il affiche de nouveaux records de ventes (plus 31,1 % soit 32 410 unités, dont la moitié de Cayenne), Porsche sacrifie à la mode de la série spéciale. D'une pierre deux coups : la firme de Zuffenhausen clôture en beauté la carrière de la première génération du Boxster et célèbre en même temps les cinquante ans du spyder 550. Basé sur le Boxster S, ce modèle anniversaire est produit à seulement 1 953 unités, en référence à la date du début du programme 550. Il bénéfice d'un traitement particulier. Toute la série se reconnaît à sa teinte gris argent Carrera GT et à ses logos et écussons spécifiques. Campé sur des roues spécifiques de 18 pouces, le Boxster S 550 Spyder ajoute un châssis sport et des voies élargies de 5 mm. Ce Boxster se distingue du modèle standard par un habitacle en cuir intégral marron Cocoa et une capote en tissu de la même couleur. L'équipement complet comprend le filet coupe-vent, la climatisation, la radio CD avec pack audio digital et les sièges sport chauffants. Quant au six-cylindres à plat de 3,2 litres, il fournit désormais 266 ch.
Porsche referme le premier chapitre du Boxster (986) sur une production de 164 874 unités, toutes versions confondues.

La première génération du Boxster termine sa carrière avec une série spéciale éditée à seulement 1953 unités et baptisée 550 Spyder en référence au modèle originel qui fête ses 50 ans. (Archives Porsche AG)

LA
NAISS

SANCE
D'UNE VÉRITABLE FAMILLE

Le Boxster 987 soigne ses formes, notamment la face avant qui se distingue désormais nettement de celle de la nouvelle génération de la 911 type 997. (Archives Porsche AG)

Pour la deuxième génération du Boxster, Porsche inverse l'ordre des priorités. Contrairement au tandem 986-996, la 911 (génération 997) précède de quelques mois le Boxster (987). Dès le mois de mai 2004, Porsche dévoile les premières photos de la nouvelle mouture de la 911 déclinée en version Carrera (flat-six 3,6 litres de 325 ch) et Carrera S (flat-six 3,8 litres de 355 ch). Quant au nouveau Boxster 987, il est présenté en première mondiale au Mondial de l'automobile de Paris en octobre 2004. Le constructeur allemand a tiré les leçons des critiques formulées par les clients et la presse, et ce nouveau modèle, qui a pour mission de poursuivre un joli succès débuté en 1996, s'attache à se distinguer nettement de sa grande sœur. Il revendique au moins 80 % de pièces modifiées, mais l'observateur, même qualifié, aura du mal à le croire. Les évolutions ne sont pas spectaculaires, mais elles confèrent une véritable personnalité au nouveau roadster.

LA CAPOTE SE MANŒUVRE EN ROULANT

On ne change pas une formule qui a permis à Porsche de devenir le constructeur le plus rentable du monde et de voir son cours de Bourse bondir de 850 % depuis le lancement du premier Boxster. La réduction des coûts passe encore ici par des économies d'échelle et le partage d'un maximum d'éléments commun entre le Boxster et la 911. C'est ainsi que les deux nouveaux véhicules partagent les mêmes éléments jusqu'au pare-brise. Ses projecteurs ronds présentent des similitudes avec ceux de la 911 et de la Carrera GT. Cela ne saute pas aux yeux, mais le pare-brise est plus haut. Les designers ont augmenté la surface des montants de capote qui sont reculés et rehaussés Les voies plus larges permettent de loger des roues qui ont gagné un pouce de diamètre. La séance de musculature profite à la sportivité du modèle. Le dessin très aéré des jantes de 17 pouces met en valeur les disques de freins ventilés, percés et pincés par des étriers à quatre pistons. Encore une fois, les ingénieurs n'ont rien laissé au hasard pour assurer des prestations sportives. Par ailleurs, pour améliorer le refroidissement, le Boxster s'offre des entrées d'air béantes redessinées dans le bouclier avant et des prises d'air latérales plus généreuses sur les flancs arrière. La poupe intègre une sortie d'échappement centrale de forme ovale tandis qu'un troisième feu stop sur la malle arrière, au ras du logement de la capote, fait son apparition. La capote en toile qui a encore été améliorée pour rehausser l'insonorisation se manœuvre désormais en roulant jusqu'à 50 km/h. Le déverrouillage est toujours manuel, mais le reste de la manœuvre est électrique. L'opération de pliage-dépliage ne dépasse pas douze secondes. À la différence du roadster Mercedes SLK qui a fait le pari du toit rigide, Porsche reste attaché à la capote en toile. Un système qui occupe moins d'espace et qui est plus léger.

UN ÉQUIPEMENT ENRICHI

Porsche n'a pas non plus succombé au chauffe-nuque apparu sur la Mercedes SLK, mais s'en remet à un filet anti-remous pour neutraliser les remous d'air dans l'habitacle. Ce dernier gagne en raffinement et en qualité, s'inspirant nettement de celui de la 997. L'instrumentation ne compte toutefois que trois cadrans, au lieu de cinq pour sa grande sœur. Le tachymètre trône en majesté au centre, comme pour rappeler que le Boxster est un roadster sportif. La console centrale est proche de celle de la 911, mais les deux bouches d'aération qui la surplombent sont rondes et non rectangulaires. Les poignées de portes sont horizontales alors qu'elles sont verticales sur la 911. La position de conduite a été revue pour convenir aux grands gabarits. Le volant est maintenant réglable aussi en hauteur et quatre versions de sièges sont disponibles, du modèle standard jusqu'au baquet à ajustements électriques latéraux. En changeant de génération, le Boxster enrichit sa dotation de série : vitres électriques, fermeture centralisée, climatisation manuelle. Par contre, les commandes au volant, le régulateur de vitesse et l'échappement sport restent des équipements optionnels. La sécurité passive est aussi améliorée. Le Boxster est le premier roadster au monde à protéger les passagers contre un choc latéral grâce à l'adoption d'airbags de tête, en combinaison avec un airbag thorax.

JUSQU'À 280 CH

Pour la première fois, les deux modèles, Boxster et Boxster S, sont présentés en même temps. Le modèle d'entrée de gamme est toujours animé par le flat-six 2,7 litres. Il a encore gagné 12 ch pour délivrer 240 ch à 6 400 tr/min et 10 Nm de couple. Le bloc 3,2 litres de la version S voit sa puissance augmenter de 20 ch pour afficher désormais 280 ch à 6 200 tr/min. Les performances progressent nettement. Les ingénieurs ont réussi à grappiller 5 kg sur le moteur de la version 2,7 litres. Au profit de l'agrément, la plage d'utilisation est étendue. Il revendique une vitesse de pointe de 256 km/h et un 0 à 100 km/h en 6,2 secondes. Le modèle S met 0,7 seconde de moins sur le même exercice et peut atteindre 268 km/h en vitesse de pointe. Les liaisons au sol ont été revues en tenant compte de l'augmentation des performances et de l'évolution de la clientèle. Les ingénieurs ont surtout cherché à rendre le Boxster plus facile à exploiter près des limites. Comme la dernière 911

PORSCHE 911, RETOUR AUX SOURCES

Un an après avoir passé le cap de ses quarante ans, la 911 se renouvelle. L'empattement et la longueur sont identiques à la 996, mais les emboutis ne sont plus les mêmes. La 997 retrouve les phares ronds des premières générations. Les ailes sont plus galbées, la monte pneumatique majorée et les rétroviseurs à deux branches. Les liaisons ont été retravaillées pour accueillir de nouvelles motorisations. La version Carrera adopte un flat-six 3,6 litres de 325 ch tandis qu'une variante Carrera S inaugure un flat-six 3,8 litres de 355 ch et une suspension PASM pilotée à deux modes. L'habitacle évoquant les premières générations se dote d'un chronomètre dans la partie supérieure.

(Archives Porsche AG)

Avec la deuxième génération, le roadster de Zuffenhausen adopte un bouclier et des feux arrière redessinés. (Photo Archives Porsche AG)

Entièrement redessiné, l'habitacle gagne en raffinement et en qualité. Ses lignes s'inspirent de celui de la 997. (Archives Porsche AG)

Le Boxster 987 marque l'arrivée de l'option pack Sport Chrono passant par un chronomètre implanté au sommet de la planche de bord. (Archives Porsche AG)

quelques mois auparavant, le roadster à moteur central accède à la suspension pilotée PASM. Cet équipement de série sur la version S s'accompagne d'une boîte de vitesses manuelle à six rapports. Celle-ci est en option associée obligatoirement au PASM sur le Boxster 2,7 litres. Les boîtes de vitesses ont été revues pour réduire le temps de passage. Les deux modèles peuvent recevoir en option la transmission automatique Tiptronic S à cinq rapports. Dans le quotidien national *Le Figaro*, le journaliste essayeur Jacques Chevalier ne cache pas son enthousiasme : "Le PASM s'apparente à une gestion de l'amortissement sophistiquée puisque le programme normal est déjà assez affûté, ménageant un bon confort en ligne droite et durcissant les réglages dans les appuis. Le stade sport est beaucoup plus ferme, mais peut s'assouplir parfois sur un revêtement particulièrement trépidant. Surtout, des capteurs par essieux permettent de durcir l'avant au freinage ou l'arrière à l'accélération afin de neutraliser les mouvements de cabrage et de plongée. Interventions identiques au lever de pied de l'accélérateur ou lors d'un changement de vitesse. À l'usage, le système se montre particulièrement convaincant et permet même d'atténuer le côté tête chercheuse du train avant, bien moins prononcé cependant que sur une 911. À cela, on peut ajouter une position sport, qui donne plus de mordant à l'ouverture des gaz et un contrôle dynamique de trajectoire (PSM) édulcoré, aussi discret qu'efficace lorsque cela devient nécessaire. Comme sur la 911, il gère aussi l'ABS et l'antipatinage et compose avec des angles de dérives assez prononcés avant d'intervenir. Un régal. Il admet même des freinages moyens sans revenir à la protection maximale."

Le journaliste poursuit son dithyrambe : "Si le 2,7-litres déroule régulièrement sa puissance sans autrement séduire que par sa jolie musicalité, le 3,2-litres se montre autrement plus mordant, spécialement au-delà de 4 500 tours où une gestion d'admission différente entre en jeu pour renforcer son souffle. Le son rauque des échappements, la précision et l'instantanéité des changements de rapports parfaitement étagés, la direction à démultiplication variable d'autant plus directe que l'on dépasse un angle de braquage de 30 degrés déploient beaucoup de technologie au profit de sensations restées étonnamment naturelles et spontanées."

Sur le marché des roadsters plaisir, face à la Mercedes SLK, à la BMW Z4, à la Nissan 350 Z typées grand tourisme, le Boxster apparaît le plus sportif. Il n'y a guère que la Honda S2000 qui puisse lui être comparée, mais elle s'en remet à un moteur quatre cylindres qui monte certes dans les tours comme une moto, mais qui n'a pas la noblesse d'un six-cylindres.

La supercar Carrera GT a inspiré un Boxster GT. Ce véhicule reconnaissable à son toit Targa ne dépasse pas le stade de l'étude. (Photo TIBO)

Au printemps 2005, Porsche lance un coupé dérivé du Boxster. Baptisé Cayman, ce modèle se veut plus polyvalent avec son hayon arrière donnant accès à un espace de chargement de 260 litres. (Archives Porsche AG)

UN COUPÉ BOXSTER

Malgré des résultats flamboyants, Porsche ne s'endort pas sur ses lauriers. Personne n'a envie de revivre le cauchemar du début des années 1990. Le traumatisme est encore très présent. Omniprésente chez Porsche, la culture du secret entoure une nouvelle fois la naissance de son quatrième modèle d'un halo de mystère. Certes, des indiscrétions dans la presse allemande ont nourri l'hypothèse d'un coupé deux places conçu sur la base du Boxster.

Au Salon de Genève de mars 2005, le quatrième modèle brille par son absence. La maison de Zuffenhausen ne souhaite ni encore présenter le nouveau modèle ni diffuser les photos de ce véhicule qui va compléter sa gamme, mais elle en révèle le nom : Cayman (prononcez "caïman"). Celui que l'on appelle encore communément coupé Boxster se positionnera en dessous de la 911. Il s'annonce très sportif avec son flat-six 3,4 litres de 295 ch couplé à une boîte manuelle à six rapports. Pour mémoire, le Boxster S dispose d'un six-cylindres à plat 3,2 litres de 260 ch.

Dans son édition du 25 mai, l'hebdomadaire *Auto Hebdo* publie la première photo du nouveau véhicule qui se présente

Le Cayman se positionne au-dessus du Boxster en termes de sportivité. Son flat-six 3,4 litres de la version S fournit 295 ch, au lieu de 260 ch pour le 3,2 l du Boxster S. (Archives Porsche AG)

effectivement comme la version fermée du Boxster. Porsche annonce une vitesse de pointe de 275 km/h et un 0 à 100 km/h abattu en 5,4 secondes : des performances proches de la 996 à ses débuts. La polyvalence sera l'autre point fort de ce coupé deux places à moteur central qui annonce un volume de chargement de 260 litres. Ses caractéristiques amènent le magazine *Sport Auto* à se demander si le Cayman, lancé en version S dans les concessions françaises le 26 novembre 2005, ne va pas faire de l'ombre à la 911. Un peu plus de 18 000 euros séparent les deux modèles. Le gabarit du Cayman est semblable à celui du Boxster : la longueur atteint 4,34 m, la largeur 1,80 m et la hauteur culmine à 1,30 m. Les designers ont été particulièrement attentifs à la fluidité des lignes. Le Cx aérodynamique s'établit à 0,29 (0,30 pour la version avec la boîte Tiptronic). Le troisième feu stop est intégré dans la lunette arrière. À la base de celle-ci, l'aileron intégré se déploie à partir de 120 km/h pour diminuer la portance sur l'essieu arrière. Cet appendice de 85 mm sur 10 cm rentre dans son logement sous les 80 km/h. Le système adopte un profil dédoublé dont l'incidence est différente. Cela permet de réduire la portance de 20 % sur l'essieu arrière et d'obtenir un meilleur appui à haute vitesse. Porsche évoque 14 kg supplémentaires à 270 km/h, au bénéfice de la stabilité.

La lunette arrière est teintée et chauffante. Un filet en textile fixé sur la paroi intérieure du hayon protège les bagages des regards indiscrets. Les vitres latérales bénéficient d'un traitement hydrophobe. L'eau et les salissures adhèrent moins sur ces surfaces.

SPORTIVITÉ ET FONCTIONNALITÉ

Installé en position centrale comme sur le Boxster, le flat-six de 3 386 cm^3 découle de la version 3,2 litres. Il fournit donc une puissance de 295 ch à 6 250 tr/min et un couple de 340 Nm de 4 400 à 6 000 tr/min. La 911 Carrera conserve l'avantage d'une courte tête : 325 ch à 6 800 tr/min et 377 Nm à 4 250 tr/min. De la 911, le nouveau 3,4-litres hérite aussi de la dernière évolution de la distribution Variocam Plus qui cumule le calage variable des arbres à cames d'admission ainsi que la levée de soupapes variable. Le système s'articule autour d'un variateur intégré entre le pignon de chaîne et l'arbre à cames d'admission, qui se charge du calage sur une plage angulaire de 40 degrés par rapport au vilebrequin.
Le moteur du Cayman S adopte les culasses de la 911 Carrera (3,6 litres) et les arbres à cames de la 911 Carrera S (3,8 litres). La sonorité a été particulièrement soignée. Les ingénieurs ont reconduit le système d'admission et d'échappement à résonances de la 911. Ce dispositif, qui varie en fonction du régime, permet de passer les normes en vigueur. Le Cayman S soigne également son poids : 1 340 kg contre 1 395 kg pour la 911 Carrera. Le rapport poids-puissance des deux coupés est donc proche : 4,3 kg/ch pour la 911 et 4,5 kg/ch pour le Cayman S. Porsche annonce dans le même temps un gain de 5 kg par rapport au Boxster, mais aussi un centre de gravité rehaussé de 15 mm en raison de la présence du toit. En contrepartie, la rigidité torsionnelle et la résistance structurelle dépassent celles du Boxster, au point de se rapprocher de la Carrera. Chez Porsche, on met en avant une répartition des masses très différente pour expliquer des comportements très éloignés. Le Cayman dispose d'une mécanique en position centrale arrière alors que celle de la 911 est en porte à faux arrière. Le Cayman est beaucoup plus équilibré : 45 % à l'avant, 55 % à l'arrière. L'architecture de la 911 induit 38 % du poids à l'avant et 62 % à l'arrière.

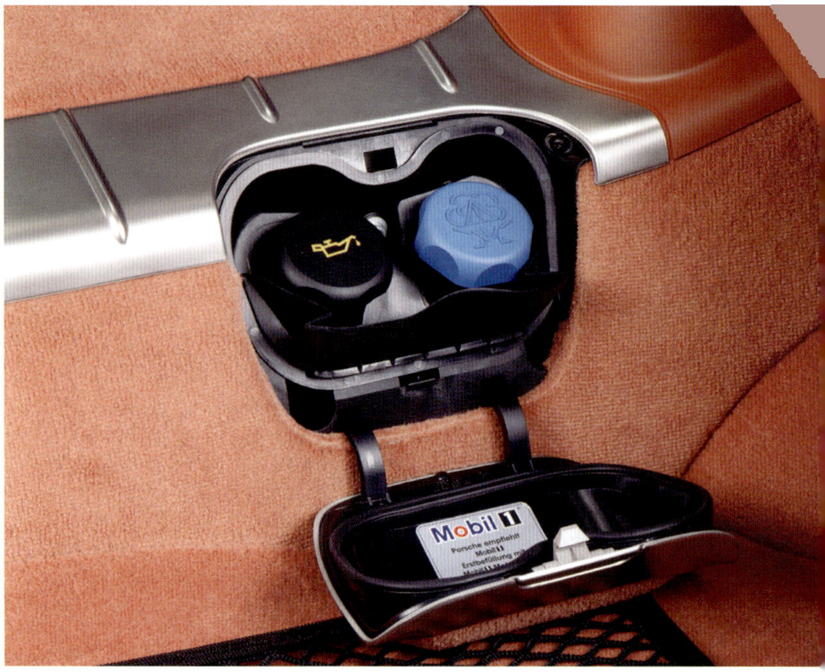

Dans le coffre arrière, on trouve une trappe permettant d'accéder aux orifices de remplissage d'huile et d'eau. (Archives Porsche AG)

L'habitacle du Cayman est identique à celui du Boxster, à l'exception de la visière des compteurs. (Archives Porsche AG)

Comme la 911, le Cayman S propose deux systèmes de suspension : un amortissement classique 20 % plus ferme que celui du Boxster S et l'amortissement PASM en option. Ce dernier comprend des amortisseurs variables en fonction des conditions de roulage et une fonction Sport permettant de bloquer le fonctionnement en mode raffermi. Les tarages des ressorts et les barres antiroulis sont modifiés par rapport au Boxster S. Bien que moins performant que la 911 Carrera, le Cayman S tire profit de son équilibre pour devancer sa grande sœur sur la Nordschleife du Nürburgring. Le Cayman S boucle le tour du circuit du massif de l'Eifel en huit minutes et onze secondes, soit quatre secondes de moins que la 911 Carrera et sept secondes de moins que le Boxster S.

S'il met l'accent sur la sportivité, Porsche n'oublie pas de souligner la polyvalence d'usage du Cayman. Il revendique un volume de chargement identique à celui d'une Peugeot 407, 410 litres qui se répartissent ainsi : 150 litres à l'avant et 260 litres à l'arrière. À l'usage, le hayon arrière facilite l'accès à la plage arrière.

L'équipement de série enlève aussi de l'esprit l'idée d'une petite Porsche : sièges électriques drapés d'une sellerie mixte alcantara-cuir, rétroviseurs et lunette arrière chauffants, ordinateur de bord, autoradio-lecteur CD, climatisation, airbags frontaux et thorax intégrés dans les bandes extérieures des sièges et de tête dans les contre-portes. L'essuie-glace arrière, la climatisation automatique et le régulateur de vitesse restent des équipements optionnels. C'est le cas aussi de la boîte Tiptronic dont les cinq rapports peuvent être commandés depuis les boutons au volant. Au bout de quelques secondes, si les boutons ne sont plus activés, la transmission repasse d'elle-même en mode automatique. Comparée aux modèles précédents, la vitesse de passage des rapports a été nettement améliorée, mais les performances sont sensiblement obérées. Le 0 à 100 km/h passe de 5,4 à 6,1 secondes et la consommation s'accroît. La boîte manuelle, qui est un modèle d'agrément, peut être commandée avec un levier sport réduisant la course du levier de 30 %. La boîte mécanique à six rapports provient du Boxster S, mais l'étagement sur les deux premiers rapports est allongé, officiellement pour "mieux coller à l'esprit Cayman", mais il ne fait pas de doute que les normes de bruit et la réduction de la consommation jouent un rôle dans ces modifications. Néanmoins, l'ensemble de la presse s'interroge sur la prudence de Porsche à utiliser une boîte type DSG à double embrayage déjà largement popularisée au sein du groupe Volkswagen. Comme toujours chez Porsche, le programme de commandes comprend de nombreuses possibilités de personnalisation. Le Cayman peut aussi accéder aux freins carbone-céramique, mais

Le programme d'options propose plusieurs ambiances intérieures dont le décor alu ou en bois Makassar. (Archives Sylvain Reisser)

également à une multitude d'ambiances intérieures, selon que l'on choisit des inserts en bois Makassar (foncé), Platane (clair), carbone ou aluminium.
À qui va s'adresser cette nouvelle berlinette ? En 2005, Detlev von Platen, président de Porsche France, fait le pari que le Cayman S "va attirer autant la clientèle des 911 d'occasion que celle des Boxster désireuse de changer".
À l'issue de son premier essai sur les routes toscanes, le journaliste Laurent Chevalier paraît séduit. Il écrit dans *Sport Auto* : "Par rapport au Boxster S, les réglages de châssis permettent de mieux contenir le roulis. Pas de révolution certes, mais la précision de conduite s'en ressent. Le Cayman S franchit un cap et révèle un bilan mécanique enthousiasmant. Il se caractérise tout d'abord par une réactivité surprenante à bas régime et une réelle faculté à jongler entre punch et onctuosité. En conduite quotidienne, l'agrément est tout simplement extraordinaire. C'est surtout par son agilité et son équilibre que le Cayman S se distingue de ses rivales. Il dispose également d'un meilleur souffle et d'une allonge plus prononcée par rapport au Boxster S. Sans parler de la sonorité qui varie en fonction des ouvertures du système d'admission."

L'aileron arrière redessiné est escamotable en fonction de la vitesse, à partir de 120 km/h. (Photo TIBO)

De série, le système de freinage du Cayman est déjà très performant, mais Porsche propose aussi à sa clientèle la plus exigeante des disques en carbone-céramique. (Photo TIBO)

LE FEUILLETON PORSCHE-VOLKSWAGEN

L'année 2005 marque le début d'un nouveau feuilleton qui va occuper l'entreprise pendant plusieurs mois. Galvanisé par un chiffre d'affaires qui a augmenté de 4 % lors du premier trimestre de l'année automobile 2004-2005 à 1,98 milliard d'euros et la perspective de commercialiser cent mille voitures d'ici à trois ans grâce à une quatrième ligne de modèles, Porsche annonce à la fin du Salon de Francfort de septembre 2005 son intention d'acquérir 20 % du groupe Volkswagen. Au moment où le premier constructeur européen, confronté à une baisse de ses performances, doit mener un vaste plan de restructuration, son compatriote et partenaire Porsche se dit prêt à devenir le premier actionnaire pour éviter une OPA hostile. Une opération amicale qui pourrait coûter 3 milliards d'euros au cours du titre. "Nous voulons, dans notre propre intérêt, assurer l'indépendance du groupe Volkswagen", affirme Wendelin Wiedeking. En effet, depuis quelques jours, des rumeurs circulent que des investisseurs anglo-saxons et arabes seraient intéressés par le capital de Volkswagen. L'action grimpait à son plus haut niveau depuis trois ans sur fond d'indiscrétions faisant état de l'intérêt du milliardaire américain Kirk Kerkorian. "Cette solution à l'allemande est une condition essentielle pour le développement stable de Volkswagen et, ce faisant, pour la poursuite de la coopération entre les intérêts des deux sociétés", ajoute Wiedeking. Le discours du président de Porsche laisse sceptique les milieux d'affaires. Les spécialistes de l'automobile peinent à comprendre la logique de l'initiative. Le constructeur le plus rentable du monde n'a rien à gagner dans cette opération. La coopération technique dans le cadre du partage de la plateforme des tout-terrain Volkswagen Touareg et Porsche Cayenne ne justifie pas une montée au capital.

Certains observateurs estiment que ce rapprochement trouve ses racines dans l'histoire des deux groupes. Ferdinand Piëch, l'ancien président du directoire et actuel président du conseil de surveillance de Volkswagen, est aussi le petit-fils de Ferdinand Porsche, et avec sa famille, l'un des actionnaires de référence de Porsche. Le sort de Volkswagen ne leur est pas indifférent. La direction de Porsche met à exécution son plan. Mi-octobre 2005, la firme de voitures de sport détient déjà

MICHAEL MAUER, LE NOUVEAU PATRON DU DESIGN

(Archives Porsche AG)

Révolution chez Porsche : Harm Lagaay, patron du design depuis 1989 et à ce titre responsable du design du Boxster 986, prend sa retraite le 1er juillet 2004. À partir du 1er novembre de la même année, il est remplacé par l'Allemand Michael Mauer. Né le 28 juillet 1962 à Rotenburg an der Fulda, en Allemagne, un an avant l'apparition de la première 911, ce designer a débuté sa carrière professionnelle chez Mercedes en 1986. Nommé directeur de projets de design intérieur et extérieur à partir de 1991, il dirige les projets SLK et Classe A. Après un passage au studio du design avancé de Mercedes au Japon, il dirige le style Smart où il crée le roadster. À partir de 2000, il décide de relever un nouveau challenge en prenant la direction du design Saab. Son travail ne passe pas inaperçu et, le 1er mai 2003, son influence s'étend sur le design avancé de General Motors Europe.

En 2008, Wendelin Wiedeking, le patron de Porsche, et Holger Härter, son directeur financier, décident avec l'accord de Wolfgang Porsche (ici à gauche) de devenir le premier actionnaire de Volkswagen. (Archives Porsche AG)

18,53 % de Volkswagen et envisage de monter rapidement à 20 %. Pour peser sur l'avenir du groupe Volkswagen, elle souhaite intégrer son conseil de surveillance. À la fin du premier semestre 2006, le constructeur de Zuffenhausen est devenu incontournable à Wolfsburg. Il aspire désormais à monter à 25,1 % en exerçant comme prévu une option portant sur 3,9 % du capital. En franchissant les 25 % de droits de vote, le constructeur disposera d'une minorité de blocage. L'office anticartel allemand a donné un avis favorable au constructeur pour qu'il devienne l'actionnaire de référence. Longtemps, la "loi Volkswagen" datant de 1960 a empêché un actionnaire de détenir plus de 20 % du capital, ce qui avait pour but d'interdire toute tentative d'OPA sur le premier constructeur européen. Reste alors à connaître la position de la Cour européenne de justice.

UN PETIT CAYMAN

Sur fond de rapprochement Porsche-Volkswagen, la firme de Zuffenhausen poursuit sa stratégie d'évolution permanente de ses modèles afin de conserver son leadership sur le marché de la voiture de sport. Pour le millésime 2007, les modèles à moteur central, devenus une véritable famille depuis l'apparition du Cayman, bénéficient d'une série d'améliorations. Le six-cylindres à plat de 2,7 litres voit sa puissance progresser de 5 ch pour afficher 245 ch à 6 500 tr/min et un couple de 273 Nm de 4 600 à 6 000 tr/min. Il anime le Boxster, mais également le Cayman qui en profite pour voir son tarif débuter sous la barre des 50 000 euros.

Dans *Le Figaro*, le journaliste Thierry Etienne explique que ce nouveau modèle demeure une vraie Porsche. "Sur les départementales où atteindre les 90 km/h tient de la performance, cette Cayman démontre une efficacité que bon nombre de rivales peuvent lui envier. Le comportement routier du Cayman S nous avait enchantés au point de nous voir réclamer une cinquantaine de chevaux supplémentaires. Avec le Cayman, nous nous retrouvons avec cinquante chevaux de moins et pourtant ce programme minimal n'a jamais fait naître un quelconque sentiment de frustration. Nous aurions simplement aimé que les montées en régime du sympathique six-cylindres à plat soient dopées par un étagement de boîte plus serré. Cinq rapports, c'est un peu court quand une vulgaire Mégane diesel en possède six. La boîte 6 couplée au PASM est une option", écrit-il. Son essai le conduit jusqu'au circuit de Bresse où le Cayman finit de le convaincre. "Peu de voitures au monde sont capables de l'affronter, les Porsche en font partie. Le Cayman ne prétend pas rivaliser avec une 911 GT3, il n'empêche qu'il est parfaitement capable d'aligner plusieurs tours de circuit sans montrer le moindre signe de faiblesse. Le tempérament enjoué de son six-cylindres capable de flirter avec les 7 000 tours, la rigidité de son châssis et l'endurance de ses freins constituent au contraire une belle invitation à poursuivre le jeu. Il manque juste un autobloquant pour parfaire une motricité déjà excellente. On déplore également que le contrôle de stabilité PSM se reconnecte automatiquement dans les freinages appuyés. La bonne surprise, c'est que sur un parcours total de presque 1 000 km incluant cette escapade sur circuit, le Cayman n'a consommé que 12,4 l/100 km. Le petit Cayman n'est donc pas une sous-Porsche comme pouvait l'être la 914 ou la 924 en leur temps. Son prix n'est d'ailleurs pas celui d'une Porsche au rabais. À équipement égal, le Cayman vaut 3 827 euros de plus que le Boxster dont il est étroitement dérivé." Quant à l'écart de tarif avec le Cayman S, il avoisine les 12 000 euros.

Le "petit" Cayman est animé par le flat-six de 2,7 litres de cylindrée dont la puissance est portée à 245 ch. (Archives Porsche AG)

42

UNE CRISE LATENTE

La rationalisation pousse Porsche à doter le Boxster S du moteur 3,4 litres de 295 ch du Cayman S. Les performances progressent logiquement pour se mettre au niveau du coupé. Le Boxster S accélère de 0 à 100 km/h en 5,4 secondes et revendique une vitesse de pointe de 272 km/h. Ces évolutions ne s'accompagnent d'aucune modification esthétique, en dehors de la disposition des orifices de remplissage d'eau et d'huile dans le coffre arrière.

Sur le plan industriel, rien ne semble plus pouvoir arrêter l'ambition de Porsche, qui va pouvoir créer l'un des plus grands groupes automobiles. Les planètes sont alignées. David est prêt à avaler Goliath. Après avoir longtemps répété qu'il n'avait pas l'intention de passer le seuil des 30 % du capital et qu'il souhaitait simplement protéger Volkswagen d'un raid d'investisseurs hostiles, Porsche s'est résolu à détenir près de 74 % du capital en actionnant les 31,5 % d'options sur des titres ordinaires qu'il détient.

Depuis la fin de l'année 2006, Ferdinand Piëch a bombardé Martin Winterkorn, président du groupe Volkswagen, en remplacement de Bernd Pischetsrieder. De son côté, Wiedeking a vu son contrat prolongé de cinq ans. Couvant depuis la crise des *subprimes*, la crise financière, symbolisée par le naufrage de la banque Lehman Brothers en octobre 2008, fait voler en éclats le programme de rachat. Les économies mondiales vacillent, à un moment crucial pour l'industrie automobile qui est déjà confrontée à des investissements élevés dans les motorisations faiblement carbonées et à l'augmentation du prix des matières premières. Après l'année record 2007-2008, Porsche est, comme l'ensemble de l'industie automobile, touché par la crise. Ses ventes chutent de 18 % sur les quatre premiers mois de l'exercice décalé 2008-2009. La marque de voitures de sport s'attend désormais à un recul sensible de ses ventes.

En hommage à la 718 RS 60 Spyder victorieuse aux 12 Heures de Sebring 1960, le constructeur allemand commercialise en 2008 l'exclusif Boxster RS60 Spyder produit à seulement 1 960 unités. (Archives Porsche AG)

Dans ce contexte, Porsche reconnaît qu'il va probablement renoncer, pour le moment, à prendre plus de 50 % du capital de son compatriote Volkswagen. Il attend que les conditions de marché redeviennent raisonnables. La spéculation s'est emparée du cours du titre Volkswagen. Dans les faits, l'endettement de Porsche sème le doute sur sa capacité à mener l'opération à son terme. Il a déjà dépensé 23 milliards d'euros pour acquérir 51 % du capital de Volkswagen. Non content d'avoir puisé dans ses réserves, il a porté son endettement à 16,2 milliards d'euros. Que vont décider les familles Porsche et Piëch ? Le projet de fusion des deux constructeurs tient la corde, mais Ferdinand Piëch, le président du conseil de surveillance de Volkswagen, ne souhaite pas supporter les dettes de Porsche. Au cours du premier semestre 2009, on apprend que Volkswagen a volé au secours de Porsche. Le fabricant de voitures de sport a été contraint d'emprunter 700 millions d'euros à Volkswagen pour éviter une faillite. Le constructeur peinait à obtenir 10 milliards d'euros de crédits auprès des banques.

L'une des plus étonnantes passes d'armes industrielles et financières de ces dernières années connaît son épilogue à l'été 2009. À l'issue d'un conseil de surveillance tenu le mercredi 22 juillet, Porsche annonce avoir décidé d'une augmentation de capital de 5 milliards d'euros afin de faciliter la création d'un groupe intégré avec Volkswagen et avoir procédé à la démission avec effet immédiat de son président du directoire Wendelin Wiedeking et de son directeur financier Holger Härter. L'homme, qui a sauvé Porsche dans les années 1990, quitte l'entreprise avec une indemnité de 50 millions d'euros. Il est remplacé par Michael Macht, le chef de la production. Après des mois de bataille, Porsche va ainsi devenir la dixième marque du groupe Volkswagen.

Le feuilleton Porsche-Volkswagen a-t-il eu une incidence sur le front de la production et des produits ? Tout au plus certains lancements ont-ils pu être décalés. Avant d'ouvrir un nouveau chapitre de son histoire, les deux modèles de la famille "moteur central" maintiennent leur attractivité avec des séries spéciales.

En 2008, le Boxster s'offre une déclinaison RS60 Spyder produite à seulement 1 960 unités, en hommage au spyder 718 RS 60 victorieux des 12 Heures de Sebring 1960 avec l'équipage Hans Herrmann et Olivier Gendebien. Tous les exemplaires sont identiques : teinte gris argent métallisé et intérieur en cuir rouge. En retouchant l'échappement, les motoristes ont réussi à porter le 3,4-litres à 303 ch. Le pack Sport Design et des jantes de 19 pouces au design spécifique complètent cette version spéciale.

DES ÉDITIONS SPÉCIALES

La même année, le Cayman S a aussi droit à sa série spéciale limitée à 777 unités. Baptisé Design Edition 1, ce coupé se signale par sa teinte noire, ses bandes décoratives gris clair traversant la voiture et estampillées Porsche Design, un châssis surbaissé de 10 mm, le système PASM, des jantes de 19 pouces spécifiques, des fonds de compteurs noirs, des seuils de portes personnalisés en aluminium portant l'inscription "Porsche Design Edition 1". L'ambiance sportive s'appuie sur la suédine qui recouvre le volant à trois branches, le levier de vitesses, la poignée de frein à main et la garniture de pavillon. Hommage à la maison Porsche Design créée par Ferdinand Alexander Porsche en 1972, le Cayman S Porsche Design Edition 1 est livré avec une élégante mallette. Signée du bureau de design de Zell am See, elle contient un chronographe flat-six, un couteau de poche, une paire de lunettes de soleil, un stylo et un porte-clés.

Ci-contre.
Basée sur le Boxster S dont le 3,4-litres a été porté à 303 ch, la Porsche Design Edition II se reconnaît à sa carrosserie et à ses jantes blanches. (Archives Porsche AG)

Porsche renouvelle l'expérience quelques mois plus tard avec le Boxster S. Baptisé Porsche Design Edition II, le roadster est édité cette fois à seulement cinq cents unités. Il se reconnaît à sa teinte blanche mariée à des jantes en alliage de 19 pouces blanches, des bandes gris clair et ses fonds de compteurs blancs. Le chronographe Porsche Design à fond blanc provient de la collection Dashboard.

UN CAYMAN POUR LA COURSE

(Photo Philippe Bretille)

Le coupé à moteur central peut bien présenter des dispositions sportives, il est hors de question pour les responsables de la marque qu'il fasse de la compétition afin d'éviter la concurrence avec la 911 Carrera Cup. Philippe Bretille, le président du club Porsche de France, milite pourtant pour la création d'une coupe Cayman que l'Italie a mise en place en 2007. Il estime à juste titre qu'il existe une place entre la Carrera Cup et les roulages clubs sur circuit. Alors président de Porsche France, Detlev von Platen finit par se laisser convaincre. Trente-deux Cayman S strictement d'origine sont commandés à l'usine et modifiés pour la compétition au sein des ateliers IMSA du Centre Porsche de Rouen. La préparation se limite à l'installation des équipements de sécurité, au dépouillement de l'intérieur et à l'adoption d'un système compensant l'absence d'un carter sec et permettant de maintenir la pression d'huile. De 2008 à 2011, à raison de six courses par an, le Cayman Cup va contribuer à dynamiser les meetings sur circuit du club Porsche français.

INJECTION DIRECTE D'ESSENCE

Lorsque, au cœur du mois de juin 2008, la presse publie les premiers comptes rendus d'une nouvelle évolution de la 911, il semble évident que la famille des sportives à moteur avant ne tardera pas à suivre. L'année de ses soixante ans et des quarante-cinq ans de son modèle emblématique, Porsche fait sa révolution. Les journalistes qui se rendent aux essais de la 911 ne s'attendaient pas à découvrir une inflexion dans le discours qui a jusqu'ici accompagné les lancements de nouveaux modèles. "Le nom de Porsche sera demain aussi synonyme de succès économique, d'acceptation sociale et d'un plaisir extraordinaire au volant." "Acceptation sociale", la formule est lancée par Klaus Berling, membre du directoire, responsable des ventes et du marketing. Certes, il y a longtemps que les motoristes de Porsche œuvrent à l'amélioration du rendement du fameux moteur "flat 6". Mais c'est bien la première fois que la présentation technique d'une nouvelle 911 est essentiellement axée sur la réduction des émissions de CO_2 !

Piquée au vif, comme l'ensemble du secteur, par les sommations de la Commission européenne concernant la réduction des émissions polluantes, la firme de Zuffenhausen a entamé un virage à 180°. Elle n'a jamais été le plus mauvais élève de la

Pour le millésime 2009, les Boxster et Cayman s'offrent une cure de jouvence qui concerne principalement les groupes motopropulseurs. Les moteurs sont inédits et la boîte PDK fait son apparition. (Archives Porsche AG)

classe, mais, une fois de plus, elle préfère anticiper le durcissement des normes plutôt que de se retrouver au pied du mur, au risque de remettre en cause son modèle économique. La consommation est donc au cœur des priorités. La 911 type 997 s'offre une véritable métamorphose, au moins aussi importante qu'au moment du passage au refroidissement par eau. Pour la première fois, elle recourt à l'injection directe d'essence afin d'optimiser la combustion de son six-cylindres à plat. Cette greffe s'accompagne d'une remise à plat de la conception du moteur, qui embarque désormais un nombre réduit de modules, au profit de la compacité. Le rendement effectue un nouveau bond en avant. La Carrera gagne 20 ch tout en diminuant sa consommation de 7,1 % à 10,4 litres. La S n'est pas en reste, affichant des évolutions du même ordre. Un gain supplémentaire de 0,4 litre, abaissant la consommation de la Carrera à 9,8 litres, est octroyé par la boîte à double embrayage à sept rapports, l'autre grande nouveauté de ce modèle. Grâce aux émissions de CO_2 réduites de 15 %, la 911 échappe au super-malus que la France vient de mettre en place. La 911 Carrera voit sa puissance portée de 325 ch à 345 ch, tandis que la consommation moyenne baisse de 11,2 litres à 9,8 litres avec la transmission PDK à sept rapports. Quant à la 911 Carrera S, elle affiche désormais 385 ch au lieu de 355 ch et sa consommation descend de 11,7 litres à 10,2 litres aux 100 km, toujours avec la PDK. Ces évolutions s'accompagnent d'un léger restylage qui concerne essentiellement le bouclier avant et les optiques arrière.

Le Cayman S lors de la présentation presse à l'automne 2008. Le flat-six 3,4 litres se dote de l'injection directe d'essence pour réduire ses émissions polluantes. (Archive Porsche AG)

LA PALME DE LA SOBRIÉTÉ À LA PDK

Avant la fin de l'année 2008, c'est au tour des nouvelles sportives à moteur central de faire leur apparition. Ces évolutions donnent lieu au cours du mois novembre à des essais internationaux des deux versions de Cayman (Cayman et Cayman S) en Espagne, dans la province d'Andalousie. Comme la 911, le Boxster et le Cayman génération 987 bénéficient d'évolutions majeures. Les six-cylindres à plat ont été revus de fond en comble dans le but de réduire leurs émissions de gaz à effet de serre et donc leur consommation. D'une cylindrée de respectivement 2,9 litres et de 3,4 litres, les deux roadsters à moteur central voient leurs puissances augmenter. Le bloc de 2,9 litres développe désormais 255 ch à 6 400 tr/min, soit une hausse de 10 ch par rapport au moteur précédent bloc de 2,7 litres de cylindrée. De son côté, le Boxster S désormais associé à l'injection directe essence délivre 15 ch de plus, soit 310 ch, également à 6 400 tr/min. Les deux roadsters se vantent ainsi d'un excellent rapport poids-puissance : 5,2 kg/ch pour le Boxster et 4,4 kg/ch pour le Boxster S. Cela va changer la vie des conducteurs, ces nouveaux modèles s'accompagnent de l'introduction de la boîte à double embrayage Porsche-Doppelkupplungsgetriebe ou boîte PDK à sept rapports, en remplacement du modèle automatique Tiptronic à cinq rapports. Avec cette boîte de conception nouvelle, le Boxster S abat le 0 à 100 km/h en 5,2 secondes et le Boxster en 5,8 secondes et ils présentent des consommations en baisse. Le Boxster se contente de 8,9 litres aux 100 km et le Boxster S de 9,2 litres aux 100 km (selon Euro 4). Les deux motorisations répondent de plus aux normes antipollution sévères Euro 5 et ULEV. Le conducteur peut laisser la boîte PDK opérer de manière totalement automatique ou prendre la main en basculant sur le mode manuel à l'aide du levier de vitesses ou en sollicitant les boutons au volant. Les palettes au volant qui favorisent l'agrément sont en option.

LA SPORTIVITÉ AU COUPÉ

Voulu plus sportif, le Cayman bénéficie d'un traitement de faveur. Le six-cylindres 2,9 litres délivre 265 ch, 20 ch de plus que le modèle qu'il remplace. Culminant à 300 Nm, le couple maximal progresse de 27 Nm. Le 3,4-litres, équipé aussi de l'injection directe d'essence, débite 25 ch de plus que son prédécesseur, soit 320 ch à 7 200 tr/min. Le couple maximal s'accroît de 30 Nm pour passer à 370 Nm à 4 750 tr/min. Doté de la boîte mécanique désormais à six rapports de série, le Cayman parcourt le 0 à 100 km/h en 5,8 secondes ; 5,7 secondes avec la boîte PDK. La vitesse maximale s'établit à 265 km/h ; 263 km/h avec la boîte automatique. Plus véloce, le Cayman S n'a besoin que de 5,2 secondes pour atteindre 100 km/h avec la boîte manuelle, 0,1 seconde de moins avec la PDK. Dérivée de la nouvelle génération de la 911, la conception des moteurs privilégie la réduction du poids, des frottements internes et des masses en mouvement. Les deux six-cylindres s'allègent de 6 kg sur la balance. Le nombre de pièces en mouvement a été réduit. Un carter en deux pièces à paliers de vilebrequin intégrés remplace l'ancien bloc à quatre pièces à carter chapeau séparé. Les chemises des cylindres jusqu'ici dégagées au niveau du joint de culasse sont désormais reliées au carter par une plaque coulée enfermant les chemises d'eau. Ainsi, les cylindres sont encore moins sensibles à la déformation.

Les essais presse du Cayman S furent l'occasion de présenter le programme de personnalisation "Exclusive & Tequipement". (Archives Porsche AG)

De plus, la consommation d'huile s'en trouve réduite. Une nouvelle suspension du moteur avec des butées transversales supplémentaires et des silentblocs présentant une nouvelle caractéristique amplifie le confort tout en améliorant le dynamisme parce que le moteur est mieux tenu et admet moins de mouvements relatifs par rapport à la carrosserie. Grâce à l'intégration de nouvelles chaînes de commande extrêmement résistantes, ces moteurs de nouvelle génération se dispensent de l'arbre intermédiaire mis en œuvre jusque-là pour l'entraînement des chaînes. L'écart entre le volant moteur et le premier palier de vilebrequin est réduit. Le fonctionnement des moteurs gagne en harmonie. La culasse abrite toujours le système de distribution VarioCam Plus comprenant le dispositif de calage variable des arbres à cames d'admission et la fonction de levée variable des soupapes d'admission. Associé à l'injection directe d'essence, ce système fonctionne encore mieux qu'auparavant. La pompe à eau s'est adaptée à la puissance accrue, augmentant son débit volumétrique de 20 %. Le système d'injection directe d'essence fonctionne avec un mélange homogène. Le mélange air-carburant est réparti de manière uniforme dans la chambre de combustion et permet une combustion optimale.

Les nouveaux Boxster et Cayman se reconnaissent au premier regard. Les boucliers avant et arrière sont redessinés, comme les optiques avant et arrière. Les prises d'air latérales sont désormais coiffées chacune par une barre à leds faisant office de feu de position horizontal et un antibrouillard rond. Les clignotants sont intégrés dans les optiques principaux à phares à halogène qui, de par leur look bitube, évoquent la Carrera GT. À l'arrière, la signature lumineuse repose sur la nouvelle technologie à leds. Son graphisme crée un design dynamique de jour comme de nuit. En option, les véhicules peuvent recevoir des phares bi-xénon intégrant un éclairage diurne, un éclairage directionnel dynamique, un lave-phares et un régulateur automatique de la portée du faisceau.

Comme par le passé, Porsche propose aussi pour ses nouveaux modèles le pack Sport Chrono et le pack Sport Chrono Plus. Le premier est associé à la radio CDR-30 et le second au Porsche Communication Management, le système multimédia reposant sur un écran tactile. Ces deux packs s'agrémentent d'un chronomètre analogique logé sur le haut du tableau de bord. Le pack Sport Chrono Plus permet de tirer vraiment parti des performances du moteur et d'accéder à une gestion plus dynamique de la boîte PDK ainsi qu'au mode de démarrage assisté Launch Control. Avec cette fonction, l'accélération gagne 0,2 seconde, pour l'exercice du 0 à 100 km/h. Le Cayman S abat donc ce sprint en 4,9 secondes seulement.

Au volant, les amateurs découvrent que le comportement a été optimisé. Le train de roulement n'a pas changé dans sa conception. Par contre, le réglage des liaisons au sol s'est adapté aux puissances plus élevées. La plupart des composants sont en aluminium. Les voies sont plus larges et permettent d'accueillir des jantes élargies. Elles ont pris un demi-pouce en largeur à l'avant et à l'arrière. L'élargissement dégage de l'espace pour loger des disques de freins plus larges à l'avant et à l'arrière. Les deux véhicules adoptent à l'avant des étriers fixes monoblocs en aluminium à quatre pistons. Ils transmettent la pression de freinage à des disques ventilés d'un diamètre de 318 mm et d'une épaisseur de 28 mm. Sur l'essieu arrière, le système de freinage repose sur des disques de 299 mm de diamètre pour 20 mm d'épaisseur et 24 mm pour les versions S. Les freins en carbone-céramique (PCCB) avec des disques de 350 mm figurent dans le catalogue des options. Ses garnitures spéciales assurent des décélérations énergiques et, surtout, constantes.

En dotation standard, les Boxster et Cayman évoluent sur des roues d'une largeur de 17 pouces. En association avec des roues de 18 ou de 19 pouces, il peut aussi recevoir, sur demande, un blocage de différentiel mécanique pour l'essieu arrière. Le taux de blocage est de 22 % sous charge et de 27 % en décélération. Le blocage de différentiel arrière contribue à améliorer nettement la traction et la stabilité, notamment sur les routes sinueuses. Ce package comprend aussi des pneumatiques de conception spécifique qui acceptent une pression de gonflage abaissée à l'arrière.

L'amortissement piloté PASM (Porsche Active Suspension Management) combiné au châssis surbaissé de 10 mm est proposé en option pour les deux modèles. Le PASM module la loi d'amortissement sur la simple action d'un bouton et permet de bénéficier à la fois d'un train de roulement confortable à connotation sportive et d'un train de roulement sportif et ferme pour les escapades en circuit. Dans *Le Figaro*, le journaliste Jacques Chevalier relève : "La Porsche se joue de la difficulté et propose des logiques de changements de vitesses plus ou moins énergiques, mariées à une suspension de plus en plus ferme. On touche assez rapidement à la sécheresse et l'inconfort alors qu'en mode normal le châssis se révèle parfait. À réserver donc aux circuits, où il fera sans doute merveille."

Sportifs, les modèles à moteur central n'en oublient pas de soigner les prestations du quotidien. Quelle que soit la boîte de vitesses qui les équipe, le Boxster et le Cayman accèdent de série à un assistant de démarrage, bienvenu pour les démarrages en côte.

En matière de sécurité passive, ces modèles n'ont rien à envier à des berlines familiales. Six airbags équipent les Boxster et Cayman. Cet arsenal baptisé POSIP pour Porsche Side Impact Protection offre une excellente protection en cas de choc, même latéral.

Si l'habitacle est repris du modèle précédent, la console centrale est entièrement remaniée pour accueillir en option le système multimédia PCM (Porsche Communication Management) reposant sur un écran tactile de 6,5 pouces. La dotation de série est rehaussée par l'adoption de la radio CD CDR-30 qui se signale par son écran de 5 pouces facile à lire et son lecteur CD compatible MP3.

Par ailleurs, les matériaux et les assemblages sont toujours de qualité. Pour la première fois, les sièges peuvent accéder, sur demande, à une aération active en actionnant une touche sur la console centrale. Trois diodes lumineuses bleues indiquent le niveau de ventilation activé. Pour éviter un refroidissement excessif, le système est coupé lorsque la température à la surface du siège descend en dessous de 15 °C.

Si la clientèle salue les performances du Cayman, elle proteste après son tarif élitiste. Pour éviter qu'il ne fasse de l'ombre à la 911, le coupé à moteur central requiert un supplément de 5 000 euros par rapport au Boxster commercialisé à 47 215 euros en version 2,9 litres et à 57 082 euros en version S.

LÉGER COMME UN SPYDER

Porsche semble être passé maître dans l'art d'entretenir son capital séduction. À la fin de l'année 2009, le constructeur ouvre un autre tiroir de son histoire en commercialisant un spyder dérivé du Boxster. À la différence des versions précédentes, le nouveau modèle dénommé officiellement Boxster Spyder puise véritablement dans les gènes de la marque, s'inspirant nettement des recettes du 550 Spyder. Il est présenté en première mondiale au Salon de Los Angeles début décembre 2009. Les essais internationaux se déroulent d'ailleurs pendant la manifestation californienne. Ce n'est pas un hasard et cela témoigne de la volonté de montrer qu'il est taillé pour la conduite au grand air, la présentation se tient à Carmel, en Californie, sur les rives de l'océan Pacifique. Ce troisième modèle de la gamme Boxster a été conçu dans l'esprit RS, c'est-à-dire d'une version allégée assez radicale et impliquant un sacrifice en termes de confort et d'équipements. La capote en toile est ainsi de secours et il est déconseillé, pour ne pas dire interdit, de rouler capote fermée au-dessus de 200 km/h. De même, la toile ne résiste pas à un lavage aux rouleaux. Capoté ou découvert, le Boxster Spyder ne manque pas de cachet. Le capot arrière à double bossage, les vitres latérales surbaissées comme sur les premiers Speedster et la toile de la capote qui court jusqu'à l'arrière du véhicule contribuent fortement à la personnalité de la silhouette.

À l'instar des modèles RS, le Boxster Spyder associe cure de vitamines et poids. C'est ainsi qu'il ne pèse que 1 275 kg sur la balance, ce qui représente un gain de 80 kg. Reposant sur une simple toile, la capote économise 21 kg en faisant l'impasse sur les compas et la fermeture électrique et en recourant à l'aluminium pour le capot arrière. Dans le même alliage, les portes ajoutent 15 kg d'allégement, les sièges à coque carbone 12 kg (rouges ou noirs), les poignées de porte remplacées par des sangles 1 kg et les roues 5 kg. L'absence de radio en équipement standard et de climatisation et l'intégration d'une mini-batterie permettent de gagner 5 kg supplémentaires. Dans leur traque aux kilos superflus, les ingénieurs ont même sacrifié 10 litres sur la capacité du réservoir (54 litres). Il n'y a pas de petits profits et, en parallèle, le flat-six dans la version 3,4 litres du Boxster S a gagné 10 ch. Il fournit désormais 320 ch à 7 200 tr/min. Le régime maximal est porté à 7 500 tr/min. Certains trouveront l'augmentation de la puissance insuffisante, mais cela suffit à transcender le roadster à moteur central. Par rapport à celui du Boxster S, le flat-six 3,4 litres du Spyder prend 950 tr/min de plus. De son côté, le couple a gagné 10 Nm pour délivrer 370 Nm à 4 750 tr/min. Résultat : le rapport poids-puissance progresse nettement pour revendiquer 3,98 kg/ch. Les performances effectuent un bond en avant. Avec la transmission automatique à double embrayage PDK à sept rapports et le pack Sport Chrono qui sont proposés en option, au lieu de la boîte manuelle à six vitesses, le Boxster Spyder avale le 0 à 100 km/h en 4,8 secondes et peut atteindre 267 km/h.

Les accélérations et les reprises sont gratifiantes ; la sonorité de l'échappement sport envoûtante. La vitalité de ce spyder s'accorde avec un châssis entièrement revisité. Il est surbaissé de 20 mm par rapport à celui du Boxster S, ce qui permet de réduire le centre de gravité. La cure d'allégement ciblée assure également une répartition des masses idéale (50/50). Campé sur des roues de 19 pouces (235/35 à l'avant et

Véhicule radical, le Boxster Spyder a été développé pour rouler cheveux au vent. La capote en toile manuelle assez complexe à manier est vraiment de secours. (Photo TIBO)

WARNING
STEEP SLOPE
STAY BACK
BE OCEAN MINDED
HELP KEEP OUR
BEACHES CLEAN
Boxster Spyder
GEORGIA.gov
HT 2594A
DISTRIBUTOR

Conçu dans l'esprit des modèles RS et allégé de 80 kg, le Boxster Spyder se prive de climatisation et de radio. (Photo TIBO)

265/35 à l'arrière), le Boxster Spyder accueille aussi un différentiel autobloquant à l'arrière, la dernière génération de la suspension PSM (Porsche Stability Management) et une direction recalibrée.

L'habitacle, on l'a vu, fait l'impasse sur les équipements de confort, mais la radio CDR-30 figure en option gratuite. Installer la climatisation est aussi possible en supplément. Comme toujours chez Porsche, il est possible de configurer une voiture à la carte en intégrant par exemple les sièges et le volant en suédine.

DES SENSATIONS SPORTIVES

Les possesseurs du Boxster Spyder ne tarissent d'éloges sur les sensations qu'il distille tout en lui reconnaissant une sécheresse de suspension, surtout sur les chaussées dégradées. Jacques Chevalier, le journaliste du *Figaro*, qui a été l'un des participants de Carmel, est conquis. "Plein, disponible à tous les régimes, avec la tonalité des flat-six Porsche en plus rauque, le moteur se plie aux cadences infernales. Le PSM – système de gestion d'adhérence et de contrôle – se débranche et ne se reconnecte pas sur les gros freinages comme sur d'autres Porsche. La virulence mécanique est rythmée par six rapports idéalement étagés et un autobloquant gérant parfaitement les limites de la motricité. Le Boxster s'inscrit au volant et entretient de prévenantes dérives à l'accélérateur, un régal absolu de pilotage sur une voiture agile et freinant fort et court. Refusant la plupart des compromis habituels, elle a le défaut de ses immenses qualités, un inconfort notoire que seule la passion pourra minimiser", écrit-il. Il faut attendre le mois de juin 2011 pour connaître l'avis d'un pilote professionnel. Sébastien Bourdais, pilote d'endurance et de monoplace, explique lors du super-test du magazine *Sport Auto* effectué sur le circuit Bugatti du Mans que "ça va très vite." Au volant du spyder, il réussit un tour en 1 minute 55 secondes et 45 centièmes. Et de poursuivre : "D'habitude, pour réaliser ce chrono-là, il faut beaucoup plus de chevaux. Cela prouve que le Spyder est diablement efficace. On retrouve une Porsche comme on les aime, carrée en termes de comportement, équilibrée et homogène."

Par contre, pour manipuler la capote en toile entièrement manuelle, le manuel d'utilisation ne suffit pas. Une démonstration est nécessaire. Dans les colonnes du *Figaro*, Jacques Chevalier détaille les opérations : "Le montage doit être anticipé, car il s'agit d'abord de fixer le toit sur les arceaux de sécurité et ensuite au sommet du pare-brise. Un levier situé au

L'instrumentation du Boxster Spyder est similaire aux autres modèles. (Photo TIBO)

côté des ancrages inférieurs de capote permet d'assurer une première tension de celle-ci. Ensuite, le capot arrière étant ouvert, il suffit d'engager les deux sabots situés aux extrémités de la toile sur des crochets métalliques noyés sur le capot. La fermeture de ce dernier assure le rendu final impeccable de la toile et une bonne étanchéité à l'air, surtout si on ajoute la toile de custode (1 kg), pour le temps froid." Le Boxster Spyder est un véhicule dans la tradition des roadsters purs et durs. Pour accéder à cette exclusivité facturée 64 741 euros début 2010, les amateurs sont prêts à quelques concessions.

LES DERNIERS FEUX DE LA 987

Un an plus tard, on sait que la génération 987 se dirige vers une retraite bien méritée, mais Porsche lui offre un baroud d'honneur avec un Boxster S Black Edition et un Cayman R. Le premier se présente sous la forme d'une série spéciale destinée à écouler les derniers modèles. Il est immédiatement identifiable à sa carrosserie et à ses jantes noires, ainsi qu'à son intérieur coordonné en noir. Basé sur le Boxster S, il affiche une puissance identique à celle du Spyder, soit 320 ch. Présenté en première mondiale au Salon de Genève de mars 2011, cette version spéciale est limitée à 987 unités, en référence à sa dénomination interne. Sa dotation de série est enrichie et comprend de nombreux équipements proposés jusque-là en option. C'est le cas du filet anti-remous, du régulateur de vitesse, de la climatisation automatique et des projecteurs bi-xénon intégrant l'éclairage adaptatif et les leds. Le système PCM (Porsche Communication Management) inclut la navigation. Les clients du Boxster S Black Edition ont accès au catalogue des options comprenant notamment les freins carbone-céramique, la suspension pilotée PASM et les sièges sport adaptatifs à mémoire. Le six-cylindres à plat de

Dans la dernière partie de sa vie, le Boxster 987 s'offre de nouveaux coloris et de nouvelles jantes. (Archives Porsche AG)

L'habitacle du Cayman R se distingue par son ambiance sportive à base de suédine et la suppression de certains équipements de confort. (Photo TIBO)

3,4 litres de cylindrée peut atteindre 7 200 tr/min alors que celui du Boxster S ne dépasse pas 6 400 tr/min. Les 100 km/h sont atteints en 5,2 secondes et la vitesse de pointe est fixée à 276 km/h. Le Boxster S Black Edition peut être commandé avec la boîte PDK qui réduit de 0,1 seconde l'exercice du 0 à 100 km/h.

UN CAYMAN DÉBRIDÉ

Quant au Cayman R, il est au Cayman ce que le Boxster Spyder est au Boxster : une version exclusive. Il hérite ainsi des recettes de la version Spyder : une cure de vitamines et d'allégement. Le flat-six de 3,4 litres voit sa puissance augmenter de 10 ch pour atteindre 330 ch à 7 400 tr/min. Dans le même temps, les ingénieurs ont réussi à grappiller

Le Cayman a aussi droit à sa version exclusive R combinant un allégement de 55 kg et une puissance portée à 330 ch. (Photo TIBO)

55 kg en supprimant quelques équipements de confort tels que la climatisation, la radio et les porte-gobelets. Comme sur le Boxster Spyder, les portières réalisées en aluminium comme celles de la 911 GT3 RS et de la 911 Turbo économisent 15 kg, les sièges baquets 12 kg, tandis que les jantes de 19 pouces participent à hauteur de 5 kg à la réduction du poids. Descendu à 1 295 kg sur la balance, le Cayman R revendique un rapport poids-puissance de 3,9 kg/ch. Le châssis est surbaissé de 20 mm par rapport au Cayman S et la carrosserie se dote d'un aileron arrière fixe ainsi que de tuyères d'échappement peintes en noir. Le centre de gravité s'abaisse de 22 mm. Combiné à des voies élargies de 4 mm à l'avant et de 2 mm à l'arrière, il annihile le roulis. Les pneumatiques sont montés sur des jantes de 19 pouces, au lieu de 18 pouces, et ils passent de la taille 40 à 35. Les disques avant sont désormais pincés par des étriers à six pistons.

Les clients ont le choix entre les deux types de transmission : manuelle à six rapports ou PDK à sept rapports. Cette version radicale du Cayman est capable d'atteindre 100 km/h en 5 secondes avec la boîte mécanique et 4,9 secondes avec la transmission PDK. Auréolé d'une vitesse de pointe de 282 km/h, 280 km/h avec la boîte PDK, le Cayman R devient le modèle le plus performant de la famille des coupés à moteur central.

PORSCHE PANAMERA S HYBRID, LES DÉBUTS DE L'ÉLECTRIFICATION

(Archives Porsche AG)

Depuis ses débuts, la marque de voitures de sport a toujours soigné l'efficience de ses modèles. Avec le durcissement des législations sur la réduction des émissions de CO_2, Porsche a décidé de s'engager dans l'hybridation de ses moteurs. Premier modèle de cette nouvelle ère, le Cayenne S Hybrid de 2010 associe un V6 3 litres à compresseur de 333 ch d'origine Audi à un module électrique de 47 ch. L'ensemble fournit un total de 380 ch et un couple de 580 Nm. La consommation ressort à 8,2 litres aux 100 km, soit des émissions de CO_2 de 193 g/km. Sous le capot de la Panamera Hybrid présentée au Salon de Genève de 2011, les rejets de CO_2 ressortent à 159 g/km, soit une consommation de 6,8 litres aux 100 km. Ce n'est qu'un premier pas et, bientôt, Porsche sera en mesure de proposer une gamme complète de motorisations hybrides rechargeables.

DES BOXSTER ÉLECTRIQUES

Face à la pression écologique qui prospère en Europe principalement et qui conduit les pouvoirs publics à durcir les réglementations, Porsche expérimente une multitude de technologies afin de réduire les émissions polluantes. Le 10 février 2011, par un communiqué de presse, Porsche annonce qu'il a lancé l'expérimentation de trois prototypes de Boxster électrique. Ces laboratoires roulants s'inscrivent dans le cadre d'une initiative à grande échelle menée en coopération avec les industriels de la région et le Land de Bade-Wurtemberg pour stimuler la mobilité électrique et consolider le leadership technologique de la région en la matière. Stuttgart est l'une des huit régions modèles retenues pour l'expérimentation de la mobilité électrique. La région modèle de Stuttgart est encouragée dans le cadre du programme fédéral "Mobilité électrique dans les régions modèles". Au total, le ministère fédéral des Transports, de la Construction et du Développement urbain (BMVBS) met à disposition pour huit régions modèles fédérales environ 130 millions d'euros du plan de relance II. Le programme est coordonné par l'organisation nationale NOW GmbH pour la technologie de l'hydrogène et des piles à combustible. "L'électromobilité est un défi majeur pour les années à venir et les ingénieurs de Porsche veulent contribuer à la maîtrise de l'excellence avec leur rigueur habituelle. Les Boxster E, en tant que laboratoires itinérants, nous aideront à résoudre les problèmes pratiques de la mobilité électrique comme nos clients l'attendent", déclare Matthias Müller, le nouveau président de Porsche, lors de la présentation du Boxster E. À travers ces démonstrateurs, Porsche veut montrer que le transport durable peut aller de pair avec le plaisir de conduire. Les ingénieurs ont porté leur choix sur le Boxster en raison de sa répartition des masses équilibrée. Avec trois véhicules conçus en six mois, Porsche peut accélérer le retour d'expérience. Les trois Boxster E se distinguent par des différences technologiques. Les deux premiers prototypes accueillent un moteur électrique délivrant une puissance de 90 kW (122 ch) sur l'essieu arrière. Les performances sont limitées et peu en rapport avec l'univers Porsche : le constructeur annonce un 0 à 100 km/h en 9,8 secondes et une vitesse de pointe de 150 km/h. Grâce à une conception allégée, le poids de la batterie de 29 kWh (341 kg) est légèrement compensé. La prise de poids se limite à moins de 200 kg. La batterie est ancrée sur les mêmes points de la structure de la carrosserie que le moteur thermique.

Le troisième prototype délivre une puissance de 180 kW (244 ch) grâce à la présence de deux moteurs électriques, un par essieu. Le Boxster E est ainsi transformé en véhicule quatre roues motrices. Les deux moteurs ne fonctionnent cependant pas toujours ensemble et ils répondent à des stratégies bien précises. L'unité d'entraînement arrière ainsi que la transmission et l'électronique de puissance prennent la place de la transmission manuelle et du système d'échappement. Les performances de ce laboratoire sont plus proches du dynamisme attendu d'un véhicule de la marque allemande. La vitesse de 100 km/h est atteinte en 5,5 secondes et la vitesse de pointe est fixée à 200 km/h. La transmission ne

À quatre roues motrices, le Boxster E s'appuie sur deux moteurs électriques délivrant une puissance totale de 244 ch et une batterie lithium-ion phosphate de 29 kWh. (Archives Porsche AG)

En 2001, Porsche expérimente l'électromobilité à partir de prototypes développés sur la base du Boxster. (Archives Porsche AG)

possède qu'un rapport de réduction. Autre innovation : le bloc d'instruments fait l'impasse sur le compte-tours, mais il intègre un indicateur de puissance. Le Boxster E embarque un système de récupération d'énergie qui peut être modulé à l'aide des boutons-poussoirs disposés sur le volant. Le Boxster E est présenté en première mondiale au Salon de Francfort de 2011. À côté de la nouvelle 911 génération 991.

PLUS DE TROIS CENT MILLE UNITÉS

Alors que Porsche est proche d'arrêter la ligne de production de la génération 987, ce n'est pas sans une certaine fierté qu'il annonce le 23 juin 2011 avoir franchi le cap des trois cent mille exemplaires de modèles à moteur central produits en l'espace de quinze ans. Qui aurait pu l'envisager en 1996 lors du lancement du Boxster ? En l'espace de quinze ans, le Boxster, suivi par le Cayman à partir de 2005, a pris une place essentielle dans le succès de Porsche. Le trois cent millième exemplaire à sortir des chaînes est un Boxster Spyder de couleur argent métallisé et intérieur en cuir rouge Carrera destiné à un client allemand.

La deuxième génération de la famille des modèles à moteur central aura été produite à 143 069 exemplaires, dont 79 039 Boxster et 64 030 Cayman. C'est moins que la première génération du Boxster, mais le marché de 2011 n'est plus celui de 1996. Le contexte a changé. La demande pour les voitures plaisir a souffert de la crise financière de 2008-2009 qui a ébranlé les économies mondiales.

C'est une première chez Porsche : l'instrumentation du Boxster E se passe de compte-tours. Il est remplacé par un indicateur de puissance permettant de connaître en temps réel le niveau de puissance utilisé et la récupération d'énergie. (Archives Porsche AG)

READY
98 %
Energiespeicher
Laden
Ladeleistung 3,3kW
Reichweite 142km
Stadtreichweite 156km
PORSCHE
STUTTGART
AIRBAG
NAVI
OPTION
Letztes Ziel:
PORSCHEPLATZ
D - ZUFFENHAUSEN
Adresseingabe
Letzte Ziele
Zielspeicher
Sonderziele
Start Zielführung
CD 1 Titel 5 - Impromptus Op. 142 Nr. 2 ..
21.0°C
SOURCE
SOUND
SIM
OPTION
TUNER
DISC
PHONE
INFO
TRIP
NAVI
MAP
AC OFF
TEMP
AUTO

UNE
SPOR
S GO 2011

TIVE
AFFIRMÉE

Avec le Boxster 981, Porsche propose toujours
deux six-cylindres à plat. Entièrement nouveaux,
ces deux blocs à injection directe d'essence permettent
d'abaisser la consommation sans dégrader les performances.
(Photo TIBO)

Les manipulations génétiques entre la 911 et le duo Boxster-Cayman sont appelées à perdurer. C'est à ce prix que Porsche a réussi à préserver les deux programmes. Encore une fois, la nouvelle et septième génération de la 911 (type 991) devance les modèles à moteur central dans l'ordre des présentations. L'icône de Porsche crève l'écran à l'occasion du Salon de Francfort, en septembre 2011. La 911 allonge son empattement de 100 mm par rapport à la 997, ce n'est pas rien, pour une longueur hors tout augmentée de 56 mm à 4,49 mètres. La largeur est identique, mais à l'avant le train est élargi de 46 mm sur la version Carrera et de 52 mm sur la Carrera S. Les porte-à-faux sont réduits. Réalisée en aluminium et acier, la coque allégée de 80 kg, plus résistante à la torsion de 20 %, a permis de compenser le surpoids dû aux nouveaux équipements de confort et de sécurité. Bilan, sur la balance, un gain global de 45 kg. L'habitacle se rapproche de celui de la Panamera avec la console centrale montant vers le tableau de bord où l'on trouve toujours cinq cadrans, dont le compte-tours au milieu. L'habitabilité augmente de 25 mm à l'avant, de 6 mm à l'arrière.

UN BOXSTER ENTIÈREMENT REPENSÉ

Concession au modernisme, la nouvelle 911 est pourvue d'une direction à assistance électrique, de la coupure du moteur à l'arrêt, d'un système de roue libre en palier et d'une gestion thermique affinée de la mécanique, la Carrera S voit sa consommation baisser de 13 %, 16 % sur la PDK. La Carrera S garde la même cylindrée, mais, comme un moteur de course, elle tourne 900 tours plus vite pour gagner 15 ch et 20 Nm de couple supplémentaires. Porsche l'a dotée de toutes les assistances électroniques – antiroulis piloté (PDCC) et amortissement actif (PASM) – pour virer à plat et réserver un comportement d'une neutralité inconnue jusque-là.
Les motoristes et les ingénieurs de Weissach maîtrisent leur sujet. Une nouvelle fois, ils ont réussi à augmenter les performances tout en réduisant la consommation. Les deux six-cylindres à plat à injection directe d'essence sont entièrement nouveaux. Celui de la 911 Carrera se plie au *downsizing* qui consiste à diminuer la cylindrée. Sa cylindrée est réduite à 3,4 litres, mais il fournit 350 ch à 6 400 tr/min, ce qui représente

un gain de 5 ch par rapport au 3,6-litres. Quant au 3,8-litres de la Carrera S, il aligne 400 ch à 7 000 tr/min, ce qui représente une hausse de 15 ch. Grâce à la technologie embarquée, toutes les 911 réussissent à rester sous la barre des 9 litres aux 100 km. Enfin, les ingénieurs ont dérivé de la transmission PDK une boîte mécanique à sept rapports qui contribue à la sobriété.

La nouvelle 911 est à peine commercialisée que le nouveau Boxster s'avance sur la scène. Au début de l'année 2012, le 12 janvier exactement, par un communiqué de presse accompagné de quatre visuels, le constructeur allemand dévoile la troisième génération de son roadster à moteur central. Comme la 911, le Boxster génération 981 a fait l'objet d'une refonte complète. De l'aveu du constructeur, jamais encore dans son histoire, la gamme Boxster n'avait bénéficié à ce point d'innovations et de développements pour donner naissance à une toute nouvelle génération.

Dans sa première communication, Porsche maintient le suspense, se contentant de dévoiler que le nouveau roadster dispose d'une caisse en alliage léger et d'un châssis entièrement retravaillé. Malgré des jantes et des voies élargies, un empattement allongé, le poids est réduit à 1 310 kg. Les sensations de conduite plus sportives s'accordent avec une direction électromécanique. Les performances progressent encore. Deux versions propulsées par un flat-six atmosphérique figurent au catalogue. Le modèle Boxster se plie à son tour à la mode du *downsizing*. Il abandonne le six-cylindres à plat de 2,9 litres pour passer à un bloc 2,7 litres à injection directe d'essence délivrant 265 ch, soit 10 ch de plus que son prédécesseur. Le Boxster S repose, quant à lui, toujours sur le six-cylindres à plat de 3,4 litres. Il fournit à peine 5 ch de plus qu'auparavant, soit 315 ch à 6 700 tr/min. Le couple délivre 360 Nm de 4 500 à 5 800 tr/min. Porsche n'a jamais été le partisan des grands écarts, mais la clientèle ne manquera pas de maugréer après cette maigre amélioration.

CARRERA GT OU SPYDER 918 ?

Au Salon de Genève de mars 2012, l'heure de vérité a sonné pour le Boxster qui est la vedette du stand de la marque. Résultat de quatre ans de développement sous la direction de Hans-Jürgen Wöhler, le Boxster Type 981 est une voiture radicalement nouvelle, mais qui partage 50 % de pièces avec la 911. Les voies élargies de 40 mm à l'avant et de 18 mm à l'arrière, la forte inclinaison du pare-brise et la diminution des porte-à-faux ont métamorphosé la silhouette. Dans *Le Figaro*, Thierry Etienne assure que "les optiques avant verticales sont un hommage à la 917. Les renfoncements latéraux dans les portes et les flancs creusés pour canaliser l'air vers le moteur et la console centrale surélevée s'inspirent de la Carrera GT." Mitja Borkert, directeur du style avancé, préfère que l'on cite en référence la 918 Spyder prévue fin 2013. Le Boxster 981 représente une heureuse évolution du concept de roadster à moteur central. Le traitement des feux arrière concentre à lui seul la modernité du véhicule. L'arrière fuselé est délimité par une arête vive sous laquelle se cache un aileron escamotable. Le nouveau Boxster bénéficie non seulement d'un empattement allongé de 60 mm, mais aussi d'une construction légère intelligente. Aciers ultra-rigides et pièces en aluminium (profils extrudés ou éléments coulés) forment ensemble une structure hybride en aluminium dont le poids est environ 55 kg inférieur à celui de la caisse du modèle précédent, tout en présentant une hausse de 40 % de la rigidité en torsion. Plus de 46 % du nouveau Boxster est en aluminium, notamment le bloc avant, le plancher, les portes et les couvercles de coffres. Les ingénieurs ont par ailleurs gagné 12 kg en supprimant le couvre-capote et une trentaine de kilos en redessinant la capote à arceaux en magnésium et en aluminium. Ces efforts d'allégement étaient

À l'arrière, le nouvel aileron escamotable et le jonc en verre blanc, qui traverse les feux et prolonge la nervure horizontale, constituent des éléments clés de sa personnalité. (Photo TIBO)

Entièrement repensé et inspiré de la Panamera, l'habitacle gagne en raffinement. (Photo TIBO)

essentiels, car dans le même temps le Boxster a supporté plus de 50 kg d'embonpoint liés aux nouvelles normes de sécurité et à l'enrichissement de la dotation de série. Au final, le gain varie de 25 à 35 kg, selon les versions.

Dans le cahier des charges du nouveau modèle, l'allégement a constitué une priorité, car, non content d'être synonyme d'agilité et de performances, il contribue à la diminution de la consommation et des émissions de CO_2. La pression écologique, qui a gagné en intensité au début des années 2010, a amené les ingénieurs et les motoristes à optimiser le rendement des mécaniques. Les deux six-cylindres à plat s'accompagnent du système Stop and Start de coupure de moteur à l'arrêt, apportant des gains en consommation supérieurs à 10 %. Avec la transmission automatique à double embrayage à sept rapports PDK proposée en option, le nouveau Boxster aligne des performances et une sobriété supérieures au modèle précédent. Les résultats les plus éloquents sont obtenus avec la boîte automatique à double embrayage PDK à sept rapports intégrant un mode roue libre, un système repris de la 911. Lorsque le conducteur lève doucement le pied de l'accélérateur, le moteur est découplé et l'injection coupée. Le roadster avance alors sur sa seule inertie. L'économie de carburant peut atteindre 1 litre aux 100 km. Le Boxster ne consomme que 7,7 litres aux 100 km en cycle mixte (180 g/km de CO_2), tandis que le Boxster S affiche une consommation de seulement 8,0 litres aux 100 km en cycle mixte (188 g/km de CO_2). Le Boxster franchit le 0 à 100 km/h en 5,7 secondes ; le Boxster S atteint la même vitesse 0,7 seconde plus rapidement. Pour la première fois, les ingénieurs sont parvenus à mettre en place une aspiration à double flux. À la différence de l'ancienne génération où le moteur n'aspirait de l'air que d'un seul côté, l'autre côté étant dédié à l'approvisionnement en air de refroidissement, cette fois-ci, le moteur reçoit de l'air *via* les deux ouvertures pratiquées devant les roues arrière. Le surplus d'air génère une puissance accrue pour le moteur.

L'INFLUENCE DE LA PANAMERA

En changeant de génération, l'habitacle gagne en raffinement. La qualité des matériaux et des assemblages progresse encore. L'ambiance intérieure s'inspire de la berline de sport Panamera avec la console du tunnel central surélevée et ascendante. Elle assure une parfaite préhension du levier de vitesses. Par rapport à son prédécesseur, le nouveau Boxster offre une plus grande amplitude de réglages, si bien que tous les gabarits se sentent parfaitement à l'aise. Le volant est toujours placé à la verticale, la clé de contact à la gauche du volant et la plupart des boutons sont partagés avec les autres modèles de la gamme. Faisant toujours partie des équipements de série, le système audio Porsche CDR peut être enrichi du Pack Audio Plus ou du Bose Surround System dont le caisson de basse est intégré à la caisse pour un meilleur rendu sonore.

Le nouveau Boxster multiplie les avancées technologiques. Au premier rayon de soleil, la capote électrique en toile disparaît dans son logement en seulement neuf secondes, même en roulant jusqu'à 50 km/h. Le changement de génération s'accompagne également d'une nette évolution du comportement routier. La cinématique des essieux a été entièrement repensée et les liaisons au sol s'appuient aussi sur l'efficacité de la suspension pilotée PASM. Pour la première fois, le Boxster est disponible avec le système Porsche Torque Vectoring (PTV) de transfert de couple électronique par freinage de la roue intérieure qui, avec le concours d'un différentiel à glissement limité, aide à l'inscription en courbe. Autre première : avec le pack Sport Chrono disponible en option, le Boxster accueille la suspension dynamique de la transmission.

Lorsqu'ils arrivent le 19 avril 2012 sur le marché, les Boxster et Boxster S sont facturés respectivement 49 372 euros et 60 435 euros. Un mois auparavant, la presse internationale a déjà pu découvrir le bien-fondé des modifications apportées. Le journaliste pilote Thierry Etienne est conquis : "La troisième génération du Boxster repousse encore les limites très élevées qui avaient été établies par son prédécesseur. Son châssis fait preuve d'un équilibre et d'une efficacité remarquables, tandis que la progressivité des moteurs se met au service du pilotage. Le 2,7-litres est plus creux à bas régime, mais vif, et nous avons aimé la sonorité plus aiguë. Sur un registre plus grave, le 3,4-litres séduit par le brio de ses reprises. Reste que l'écart de performances n'est pas si grand et le 'petit' Boxster est tout à fait recommandable. Côté boîtes, la PDK a considérablement progressé, mais les puristes lui préféreront, à raison, la commande manuelle qui reste un modèle de précision. Enfin, le Boxster affiche une remarquable polyvalence s'agissant d'une deux-places aussi sportive, avec un confort et une capacité d'emport dignes d'un modèle de grand tourisme." Le mensuel *Automobiles Classiques* ne cache pas son enthousiasme : "Comme sur la 911, la nouvelle direction assistée électrique ne mérite que des éloges. Le toucher de route est littéralement exceptionnel." Lors du super-test réalisé sur le circuit Bugatti du Mans pour le magazine *Sport Auto*, le pilote Christophe Tinseau souligne : "Le Boxster S adore le circuit. L'architecture à moteur central lui octroie une belle motricité. Dès le premier virage, l'évolution de cette génération saute aux yeux : le regain de stabilité." Le pilote signe un excellent chrono de 1 minute 56 secondes et 78 centièmes, plaçant le Boxster S derrière le Boxster Spyder et la 911 GTS PDK génération 997, dans la hiérarchie Porsche.

La console centrale remontant en pente douce jusqu'à la planche de bord intègre les boutons de réglages du châssis et de la capote. (Photo TIBO)

Porsche a le vent en poupe. Les ventes ne cessent de croître. En apparence, Porsche ne s'est jamais aussi bien porté. Aucun signe de contrariété ne pointe à l'horizon. C'est quand la mer est calme qu'il faut redoubler de vigilance. C'est un précepte que les chefs d'entreprise essaient de suivre à la lettre : c'est quand vous êtes en bonne santé que vous devez vous réinventer. Vous devez vous réinventer en permanence. Porsche, qui n'a pas envie de revivre le calvaire de la fin des années 1980, réfléchit à de nouveaux modèles qui pourraient venir renforcer la gamme existante et suivre, voire même devancer, les évolutions des marchés. L'un des thèmes de réflexion concerne un roadster d'entrée de gamme. Une sorte de petit Boxster. Au mois de mai 2012, Matthias Müller, le président de Porsche, annonce avoir finalement renoncé à ce véhicule pour rester focalisé sur le segment du très haut de gamme. "Cela ne suffit pas que moi je sois convaincu par ce modèle, il faut que les clients aussi soient convaincus", a-t-il expliqué au *Stuttgarter Zeitung*. Le constructeur craint qu'un modèle plus accessible ne pousse certains clients de longue date à se détourner de lui. En d'autres termes, Porsche est une marque qui doit faire rêver. "Si nous vendions une voiture inférieure au Boxster, nous nous adresserions à une clientèle tout à fait nouvelle. Et si, à cause de cela, nous perdions des clients établis, nous ne rendrions pas service à la marque", a encore poursuivi le président de Porsche.

En présence notamment de Martin Winterkorn et de Matthias Müller, Porsche officialise le début de la production des modèles de série le 19 septembre 2012. (Archives Porsche AG)

UN COUPÉ PLUS SPORTIF

Si Porsche a abandonné l'idée de développer un modèle en dessous du Boxster, il n'a pas renoncé au Cayman qui est devenu le complément indispensable du roadster à moteur central. Le constructeur allemand a choisi d'offrir la primeur de la nouvelle mouture de son coupé sportif aux visiteurs du Salon de Los Angeles, en Californie, fin novembre 2012. Ce n'est pas un hasard si cet événement hivernal a été retenu pour présenter ce modèle. La Californie est l'un des principaux marchés de la marque aux États-Unis. Pour souligner le caractère sportif de son nouveau modèle, Porsche n'hésite d'ailleurs pas à le rapprocher de la fameuse 904 GTS.
Basé sur le Boxster 981, le Cayman en reprend les principales caractéristiques. Comme la 911 et le roadster à moteur central, il se convertit à la carrosserie en construction allégée. Selon les modèles et les équipements, le Cayman 981 est jusqu'à 30 kg plus léger que son prédécesseur. L'effort d'allégement profite au premier rang à la consommation, qui enregistre une baisse pouvant atteindre 15 %. L'usage de l'acier est limité au strict

Présenté quelques mois après le roadster,
le Cayman 981 hérite logiquement de sa technologie.
(Photo TIBO)

nécessaire et les alliages légers sont privilégiés. Porsche recourt principalement à la fonte d'aluminium coulée sous pression, à la tôle d'aluminium, au magnésium et à des aciers à haute limite d'élasticité. La carrosserie brute du nouveau Cayman se compose à 44 % environ d'aluminium – partie avant, châssis plancher et partie arrière du véhicule, portes et capot des deux coffres. Réalisé désormais en aluminium, le hayon constitue à lui seul une prouesse. Les ingénieurs ont réussi à abaisser le poids à 6,6 kg avec les charnières, soit moins de la moitié par rapport à la version précédente. Le poids du Cayman n'excède pas 1 310 kg, 10 kilos de moins que celui du Cayman S. La transmission PDK à sept rapports relève la masse de 30 kg.
Dans le même temps, ces matériaux présentent l'avantage d'augmenter la rigidité dans son ensemble. La rigidité torsionnelle statique a été améliorée de presque 150 %, la rigidité statique en flexion de 30 % et la rigidité dynamique en flexion de plus de 70 %.

UNE SILHOUETTE ATHLÉTIQUE ET FLUIDE

Les lignes plus fluides récompensées par un Cx aérodynamique de 0,30 contribuent également à la sobriété. De bons résultats, car, dans le même temps, les dimensions évoluent sensiblement au profit du comportement routier et de l'habitabilité. Les flancs creusés pour canaliser l'air vers le moteur qui rappellent la Carrera GT, les prises d'air béantes dans le bas du bouclier avant, les optiques verticales présentées comme un hommage à la fameuse 917 et les ailes arrière rebondies habillent une carrosserie dont l'empattement s'est allongé de 60 mm et les voies élargies de respectivement 36 mm et 40 mm à l'avant pour le Cayman et le Cayman S. L'arrière des deux modèles s'élargit aussi, respectivement de 2 mm et 12 mm. L'élargissement des voies combiné avec une hauteur plus contenue de 10 mm pour le Cayman, 11 mm pour le Cayman S, confère une allure plus large à ce coupé.

Les designers ont peaufiné l'équilibre des formes de la silhouette en repoussant le pare-brise vers l'avant d'environ 100 mm, en réduisant le porte-à- faux avant de 26 mm et en allongeant la longueur de 33 mm (4,38 m). De face, le nouveau Cayman se reconnaît à son porte-à-faux avant réduit de 26 mm, à ses prises d'air béantes aux extrémités du bouclier et à ses blocs optiques ronds crédités d'une nouvelle signature lumineuse à quatre points.

Les détails de carrosserie ont été particulièrement soignés et cela transparaît notamment au niveau des nervures qui soulignent les formes. Autre caractéristique du nouveau design qui procure une stature plus athlétique au Cayman : la ligne d'épaule très marquée court de l'aile, particulièrement bombée, jusque vers le flanc arrière et sur laquelle sont ancrés les rétroviseurs. Très plat, le grand hayon participe à la personnalité du modèle. Le feu stop à leds coiffe la lunette arrière sur toute la largeur. Dans le prolongement du hayon, l'aileron arrière, représenté par une fine lame, se déploie plus haut et plus à la verticale que sur le Boxster. Les deux versions de Cayman se reconnaissent à leurs tuyères d'échappement. Dans les deux cas, elles sont au centre de la poupe, mais celle du modèle de base arbore une section ovale alors que le Cayman S se dote d'une double sortie à double flux. De nouvelles roues de 18 et 19 pouces au diamètre de roulement plus important et au dessin inédit traduisent visuellement le gain de puissance obtenu. Le catalogue des options propose des jantes Carrera S de 20 pouces tandis que les jantes Carrera Classic 20 pouces bicolores et le modèle Techno Sport font partie du catalogue Exclusive. De série, le Cayman est livré

Le positionnement plus sportif du Cayman transparaît à travers les décors intérieurs reprenant la teinte de la carrosserie. (Photo TIBO)

avec des pneumatiques qui contribuent à réduire la consommation de carburant grâce à leur résistance au roulement réduite de 7 % par rapport à la génération précédente. L'alimentation en air frais n'est plus assurée que par deux larges prises d'air aux extrémités du bouclier avant. L'arrivée d'air a été encore améliorée, rendant superflue la présence du refroidisseur central sur les versions PDK. Les prises d'air sont de dimensions identiques sur les deux modèles. Toutefois, une partie de l'entrée d'air du Cayman est obturée par un cache noir en raison des besoins moins importants en air frais. La portance sur les deux essieux a encore diminué par rapport au modèle précédent (moins 25 %), ce qui se traduit par une tenue de route renforcée à haute vitesse. Dans les détails, la portance à l'essieu avant a été sensiblement réduite grâce à l'adoption d'une nouvelle languette sur le becquet avant.

L'instrumentation repose toujours sur trois compteurs mais ils ont été redessinés et celui de droite donne accès à de nouvelles informations. (Photo TIBO)

À l'arrière, le nouvel aileron œuvre également en ce sens, de même que la fine lame couvrant toute la largeur de la voiture. L'aileron s'intègre harmonieusement dans la poupe et se déploie dans un mouvement en arc de cercle de manière automatique ou manuelle. Avec une surface utile augmentée de 40 %, il génère une déportance plus grande que l'arête de la génération précédente, tout en offrant moins de résistance à l'écoulement de l'air.

L'ensemble de ces mesures améliore sensiblement les performances. Assumant désormais pleinement son rôle d'enfant rebelle de la famille des modèles à moteur central, le Cayman continue d'afficher des caractéristiques supérieures à celles du Boxster. Les deux modèles surclassent le roadster de 10 ch. Ramenée à une cylindrée de 2,7 litres, le six-cylindres atmosphérique du Cayman fournit 275 ch. Avec une puissance spécifique de 101,6 ch/l, le moteur 2,7 litres est le premier de la gamme Cayman à franchir le seuil magique des 100 ch/l. Le six-cylindres 3,4 litres du Cayman S délivre 325 ch. Les deux blocs développent à présent leur puissance nominale à partir de 7 400 tr/min, contre 7 200 tr/min précédemment. Dotés de diagrammes de puissance supérieurs à ceux des moteurs de la génération 987, les nouveaux six-cylindres libèrent plus de puissance à un régime identique.

Le couple du Cayman s'établit à 290 Nm entre 4 500 et 6 500 tr/min ; celui du Cayman S revendique 370 Nm de 4 500 à 5 800 tr/min. Le six-cylindres 3,4 litres s'appuie sur un clapet de résonance afin d'améliorer le taux de remplissage et assurer un couple élevé à bas régime. Les deux moteurs bénéficient de la levée variable des soupapes et de la distribution VarioCam Plus à calage variable côté admission.

Les deux transmissions, mécanique à six rapports et automatique à double embrayage PDK à sept rapports, sont reconduites au catalogue. La PDK a vu ses caractéristiques de confort et de consommation revisitées. Tout en étant beaucoup plus performants, les deux blocs à injection directe d'essence gagnent en sobriété grâce à l'adoption de la récupération d'énergie pour le réseau de bord et au système de coupure du moteur à l'arrêt (Stop and Start). Dans le cas de la récupération d'énergie, la batterie est rechargée pendant les phases de freinage ou de décélération. L'ensemble des mesures a permis de réduire la consommation jusqu'à 15 %. Le Cayman est homologué à 8,2 litres aux 100 km, soit des émissions de CO_2 de 192 g/km. La boîte PDK donne de meilleurs résultats : 7,7 litres aux 100 km et 180 g/km de CO_2. Quant au Cayman S, sa consommation s'établit à 8,8 litres aux 100 km, ce qui correspond à des émissions de CO_2 de 206 g/km. Avec la PDK, elle baisse de 0,8 litre aux 100 km et réduit ses rejets de CO_2 de 18 g/km. Par contre, c'est avec la boîte manuelle que le coupé à moteur central est le plus rapide : 266 km/h pour le Cayman et 283 km/h pour la version S.

UN MODE ROUE LIBRE

Le positionnement plus sportif du Cayman transpire à travers la présence en série d'une touche Sport permettant au conducteur de modifier certains paramètres du véhicule. C'est ainsi que le mode Sport change la cartographie du moteur, entraînant une réponse plus vive du moteur. Les modèles dotés de la boîte PDK se distinguent par des changements de rapports à des régimes plus élevés et des rétrogradages plus précoces. D'autre part, la coupure du moteur et le mode Croisière sont désactivés. Ce mode a été développé pour économiser quelques gouttes d'essence. Le principe est le suivant : à vitesse stabilisée, lorsque l'on relâche progressivement la pédale d'accélérateur, le moteur est désaccouplé et tourne au ralenti. La voiture bascule en mode roue libre. Lorsque cette opération se renouvelle très fréquemment, l'économie de carburant peut atteindre 1 litre aux 100 km.

La sportivité du Cayman peut encore être transcendée avec le pack optionnel Sport Chrono, forcément associé à la transmission PDK et à la touche SportPlus intégrant la fonction Launch Control et activant le programme Circuit. Cette option permet d'atteindre 100 km/h en 0,2 seconde de moins qu'en mode standard où les Cayman font déjà preuve d'une grande vitalité. Le Cayman ne requiert que 5,6 secondes pour franchir la barre des 100 km/h ; 20,9 secondes pour les 200 km/h. Le Cayman S exécute le 0 à 100 km/h en 4,9 secondes et le 0 à 200 km/h en 17,1 secondes. Autre nouveauté : le pack Sport Chrono inclut le double débrayage lors des rétrogradages en mode Sport Plus sur les voitures dotées d'une boîte manuelle. Pour ajouter aux sensations, les Cayman génération 981 peuvent recevoir en option une ligne d'échappement sport qui modifie la sonorité du moteur.

Chez Porsche, le dynamisme et l'agilité n'excluent pas le confort. C'est ainsi que le châssis avec amortisseurs à gaz hydrauliques conventionnels a été entièrement modifié en vue d'offrir un parfait compromis entre confort et efficacité. Les jambes de suspension de l'essieu avant McPherson sont plus compactes que sur la version précédente et plus rigides. L'essieu arrière est une évolution de la version précédente. À l'image de l'essieu avant, de nombreux composants ont été allégés sans rien perdre de leur rigidité ou de leur résistance. Les éléments constitutifs des essieux sont essentiellement en aluminium. Pour des impératifs de rigidité, les éléments

Grâce à l'emploi massif d'aluminium, la coque du Cayman 981 s'allège de 55 kg. (Photo TIBO)

soumis à de fortes sollicitations, comme la traverse d'essieu, sont en tôle d'acier et donc plus légers et plus compacts que les pièces comparables en alliage léger.

L'efficacité du comportement repose beaucoup sur l'amortissement actif PASM. Les quatre capteurs verticaux supplémentaires implémentés sur les roues avant et arrière permettent un réglage encore plus fin. Les deux programmes Normal et Sport du châssis PASM s'activent sur la console centrale. Ce système s'accompagne également d'un abaissement de la carrosserie de 10 mm, ce qui contribue en parallèle à l'amélioration des qualités dynamiques. Comme le Boxster, le Cayman voit sa direction hydraulique remplacée par une direction assistée électromécanique. Elle permet au conducteur d'expérimenter l'agilité du Cayman avec encore plus d'intensité. Par ailleurs, elle contribue à réduire la consommation de carburant de 0,1 litre aux 100 km au minimum par rapport à une direction traditionnelle.

Pour tirer le meilleur parti du PASM, le Cayman peut ajouter le système optionnel Porsche Torque Vectoring (PTV). Il combine l'action du blocage de différentiel arrière et les interventions de freinage individuelles sur les roues, une fonction complémentaire du système Porsche Stability Management (PSM). Le PTV améliore le comportement et la précision de la direction par des interventions de freinage ciblées sur la roue arrière intérieure. Le début de braquage du volant active le couple de freinage. Autrement dit, il optimise

PORSCHE 918 SPYDER, LA SUPERCAR ÉCOLO

Alors qu'il vient à peine de dévoiler le Macan, le constructeur convie quelques journalistes triés sur le volet à essayer la 918 Spyder à Valence, en Espagne, fin 2013. Dix ans après la Carrera GT, ce nouveau supercar accomplit un geste pour la planète et un pas de géant pour l'automobile. Première voiture de sport hybride rechargeable du marché, ce spyder marque les esprits, réussissant la synthèse idéale et encore inconnue jusque-là entre la voiture zéro émission en ville, l'engin de course et le laboratoire de solutions nouvelles. Cette automobile fascine parce qu'elle repousse les limites de la technique, joue les défricheuses pour la grande série et change la perception que le grand public peut avoir de la sportive d'exception. Son tarif mirobolant (775 404 euros) ne la met certes pas à la portée de toutes les bourses, mais la 918 Spyder n'est pas une automobile comme les autres. C'est un chef-d'œuvre édité à seulement 918 exemplaires numérotés et appelé à devenir un véritable collector. Sa carte de visite impressionne : une consommation de 3 litres aux 100 km, une autonomie électrique de 30 km et une puissance de 887 ch reposant sur le V8 4,6 litres à injection directe d'essence de 608 ch de la RS Spyder de course associé à deux moteurs électriques, crédités de 129 ch à l'avant et de 156 ch à l'arrière. Le premier associé à un arbre de transmission permet à la 918 de bénéficier de quatre roues motrices. Ce moteur se désaccouple à partir de 265 km/h ! Les performances de ce spyder aux allures de gros Boxster défient le sens commun : une vitesse de pointe de 345 km/h et un 0 à 100 km/h en 2,6 secondes.

(Archives Sylvain Reisser)

le comportement dynamique dès l'inscription en courbe. Par ailleurs, le blocage de différentiel arrière améliore sensiblement la traction en sortie de virage.

L'accroissement des performances s'accompagne d'un nouveau système de freinage. En plus des étriers de frein plus rigides sur l'essieu avant, des guidages de garniture optimisés et de la surface de freinage agrandie, le refroidissement des disques de frein a lui aussi été amélioré. Le nouveau Cayman S hérite quant à lui des disques de frein de la 911 Carrera à l'avant, de plus grandes dimensions. Comme sur la génération précédente, le Cayman peut recevoir les disques de 350 mm de diamètre en carbone céramique (PCCB) en option. Cet équipement est identifiable à sa couleur jaune. Un nouvel étrier à six pistons, issu de la 911 Carrera, fait son apparition sur l'essieu avant.

LE CONFORT EN MAJESTÉ

À l'instar des autres modèles de la gamme Porsche, le Cayman 981 accueille un frein de stationnement à commande électrique. Il se désactive automatiquement au démarrage dès lors que la ceinture de sécurité est mise. Il adopte également le système Auto-Hold destiné à maintenir la voiture immobilisée dans une descente.

L'habitacle, semblable à celui du Boxster, est plus raffiné que celui de la génération précédente. Les clients peuvent désormais commander leur coupé avec des packs cuir bicolores mariant le gris agate ou le gris silex comme couleur de base avec l'or citron ou l'ambre orange comme couleur complémentaire. L'équipement est plus complet : pour la première fois, le Cayman accède à un système audio haut de gamme signé Burmester spécialement conçu pour lui. Parmi les autres équipements optionnels qui font leur apparition figurent le régulateur de vitesse adaptatif Adaptive Cruise Control (ACC) et le système d'accès sans clé Entry & Drive.

Calquée sur celle du Boxster, l'ergonomie profite de l'affichage des rapports dans le cadran du compte-tours, d'une console centrale inclinée, d'un levier de vitesses à portée de main, d'un écran tactile de 7 pouces bénéficiant d'une navigation intuitive et de sièges Sport au maintien latéral amélioré. Le réglage en hauteur et en profondeur est manuel tandis que les dossiers disposent d'un réglage électrique. Porsche s'est offert le luxe de différencier les compte-tours des deux modèles du Cayman. Celui de la version 2,7 litres est à fond noir alors que celui du modèle S est de couleur argent.

Les bandes centrales des sièges Sport de série sont tendues de suédine. Un modèle Sport Plus disponible en option rehausse le maintien latéral et le haut du corps grâce à des renforts au niveau des épaules. Le nouveau gabarit profite également à l'augmentation du volume de coffre. Jusqu'au toit, la capacité de chargement progresse de 15 litres pour atteindre 425 litres. Les adeptes du modèle remarqueront, à l'ouverture du hayon, la présence d'un nouveau cache en aluminium qui s'étend par-dessus le cache du compartiment moteur, entre les deux ouvertures de remplissage d'huile et de liquide de refroidissement. Derrière les appuie-tête se trouve un arceau de retenue des bagages, en aluminium à surface brossée.

La gamme des sportives à moteur central entièrement renouvelée, Porsche peut se concentrer sur d'autres programmes. Le constructeur allemand de voitures de sport fait preuve d'un dynamisme détonnant. En réponse au durcissement des réglementations en matière d'émissions CO_2 avec la mise en place de malus à l'achat, notamment en Europe, il a décidé de renforcer l'électrification de ses modèles familiaux. La Panamera est le premier modèle à accéder à la chaîne de traction hybride rechargeable. Ce modèle revendique une consommation normalisée de 3,1 litres aux 100 km, ce qui correspond à des émissions de CO_2 de 71 g/km, pour une puissance cumulée de 416 ch. Le Cayenne S E-Hybrid suivra à l'été 2014. Porsche s'est également fixé pour challenge de dépasser les deux cent mille unités par an. Pour y arriver, il a lancé le développement d'une cinquième famille de modèles. Ce projet baptisé Cajun à l'origine aboutit, au Salon de Los Angeles 2013, à la révélation d'un SUV compact baptisé Macan. Ce nouveau véhicule de 4,68 m de long, qui a nécessité un investissement de 500 millions d'euros, a été développé sur la plateforme de l'Audi Q5, mais Porsche insiste sur le fait que la transmission intégrale a fait l'objet d'un programme spécifique. Le Macan sera produit dans l'usine de Leipzig, à côté du Cayenne et de la Panamera.

GTS, UN LABEL AU PARFUM DE COURSE

À Zuffenhausen, les hommes du marketing ne sont jamais à court d'idées lorsqu'il s'agit d'entretenir la fascination pour la marque et les modèles. Dans un secteur toujours plus globalisé et hyperconcurrentiel, Porsche sait que l'animation continue de sa gamme est un remède contre l'immobilisme et permet de se prémunir d'une baisse de régime. Au printemps 2014, les projecteurs sont braqués sur sa gamme de modèles à moteur central.

Le Boxster GTS accueille un compte-tours à fond rouge avec le pack rouge. (Photo TIBO)

Pour la première fois de son existence, le Boxster accède au label GTS en 2014. Le six-cylindres à plat 3,4 litres gagne 15 ch pour revendiquer 330 ch. (Photo TIBO)

L'ambiance résolument sportive de l'habitacle du roadster GTS s'accompagne de garnitures en suédine et de la boîte manuelle à six rapports de série. (Photo TIBO)

Grâce à son châssis raffermi et associant le pack Sport Chrono à l'amortissement piloté PASM, le Boxster GTS devient le roadster le plus sportif de la gamme.
(Photo TIBO)

Le constructeur a choisi le Salon de Pékin qui se tient fin avril pour dévoiler une version GTS. C'est la première fois que le Boxster et le Cayman recourent à ce label inauguré en 1964 par la berlinette de course 904 GTS. Après les exercices isolés de la 924 GTS de course de 1981 et de la 928 GTS, en 1992, Porsche ressuscite définitivement à partir de 2007 cette appellation pour les gammes 911, Cayenne et Panamera. Symbole du grand tourisme sportif, l'appellation GTS renvoie à des véhicules affûtés, se situant entre les versions standards et les modèles estampillés RS. Avec les Boxster et Cayman GTS, il n'est donc pas question de régime minceur, mais d'une cure de vitamines et de quelques aménagements cosmétiques. C'est pour le constructeur allemand un moyen de se distinguer d'une concurrence toujours exacerbée. Alfa Romeo vient ainsi de s'inviter sur le marché des berlinettes sportives avec une inédite 4C. Certes, son moteur n'est qu'un quatre-cylindres 1,7 litre turbo de 240 ch, mais il est installé en position centrale arrière et il repose sur une cellule en carbone, ce qui permet à l'italienne d'afficher des performances d'une authentique sportive. De leur côté, les Audi TTS, BMW Z4, Mercedes SLK AMG et Nissan 370 Z représentent toujours des alternatives séduisantes.

Les modèles GTS se reconnaissent à leurs boucliers spécifiques, leurs projecteurs bi-xénon noirs couplés au système d'éclairage dynamique (PDLS) ainsi qu'à leurs jantes de 20 pouces noires chaussées de pneumatiques 235/35 à l'avant et 265/35 à l'arrière. Ces modifications s'accompagnent d'une hausse de la puissance. Le six-cylindres à plat de 3,4 litres s'offre 15 ch supplémentaires. Premiers modèles de la famille des biplaces à moteur central arrière à répondre à la nouvelle norme de dépollution Euro 6, les deux GTS voient ainsi leur puissance grimper à 330 ch pour le roadster et à 340 ch pour le coupé. De son côté, le couple progresse de 10 Nm pour délivrer 370 Nm de 4 500 à 5 800 tr/min dans le cas du roadster et 380 Nm de 4 750 à 5 800 tr/min dans le cas du coupé.

UN TRAITEMENT PLUS EXCLUSIF

Le pack Sport Chrono équipe de série ces deux nouvelles versions. Avec la boîte PDK à double embrayage disponible en option et le moteur Sport Plus activé, le Cayman GTS est ainsi capable d'avaler le 0 à 100 km/h en 4,6 secondes, soit un dixième de moins que le Boxster. La vitesse de pointe progresse également : le Cayman, plus puissant et plus aérodynamique, peut atteindre 285 km/h. Le Boxster GTS est le premier roadster à être crédité d'une vitesse de pointe de 281 km/h. En accélération, le gain est limité en raison d'une hausse du poids de l'ordre de 25 kg. Le roadster franchit le cap des 100 km/h en 5 secondes (4,9 secondes avec la boîte PDK), le coupé en 4,9 secondes (0,1 seconde de moins avec la PDK). Une fois de plus, Porsche montre que la performance n'exclut

Le Cayman accède aussi au label GTS.
Au menu, une puissance portée à 340 ch
et quelques aménagements cosmétiques.
(Photo Greg)

pas la préoccupation environnementale. Avec la transmission PDK, les deux GTS échappent en France au plus gros malus. Les émissions de CO_2 ne dépassent pas 192 g/km, soit une consommation mixte normalisée de 8,2 litres aux 100 km. Quant au châssis, il a également été revu pour s'adapter à la hausse des performances. Il associe le pack Sport Chrono à l'amortissement piloté PASM.

À l'intérieur, la finition GTS se distingue par un traitement exclusif. Les garnitures sont en cuir surpiqué, le compte-tours adopte un fond rouge et les sièges Sport sont recouverts d'une sellerie mixte cuir-suédine. Porsche propose aussi un pack

Par rapport à la version S, le Cayman GTS bénéficie d'un châssis surbaissé de 20 mm et de pneumatiques de 20 pouces. (Photo Greg)

rouge ou gris intégrant les broderies GTS sur les appuie-tête, les ceintures de sécurité et le fond des compteurs assortis, ainsi que des applications en carbone sur la planche de bord et la console centrale. Pour rehausser son caractère exclusif, le modèle GTS n'est proposé qu'en trois coloris spéciaux : gris argent GT, rouge carmin métallisé et vert doré métallisé. La carrière commerciale de ces deux nouveaux modèles débute en mai 2014 sur le marché français, au tarif de 71 708 euros pour le Boxster GTS et de 75 548 euros pour le Cayman GTS. Dans le numéro de *Sport Auto* du mois de novembre 2014, le roadster GTS remporte le comparatif contre la Mercedes SLK 55 AMG. Le journaliste assure que le Boxster représente l'un des roadsters les plus sensationnels du moment : "La motricité naturelle est démente et il faut vraiment le secouer pour que l'arrière valse. Le Boxster autorise des départs fulgurants à 6 800 tr/min avec le launch control, sans une once de patinage. En performance, il devance la 911 Carrera et se rapproche de la référence Carrera S."

UN CAYMAN ULTRA-SPORTIF

Chez Porsche, les performances sont faites pour être dépassées. Le 4 février 2015, le constructeur surprend son monde en dévoilant le Cayman GT4. Après avoir longtemps

L'esprit RS inspire un Cayman GT4. Très sportif, ce modèle est propulsé par le six-cylindres 3,8 litres de la 911 Carrera S. (Photo TIBO)

temporisé, sans doute pour éviter de faire de l'ombre à la 911, Porsche n'a plus de scrupules à exacerber la sportivité de son coupé à moteur central. La GT4, qui devient le Cayman le plus rapide de l'histoire, effectue sa première publique un mois plus tard au Salon de Genève. En bouclant le tour de la Nordschleife du circuit du Nürburgring en 7 minutes 40 secondes, il fixe un nouveau temps de référence pour sa classe et se place à égalité avec une 997 GT2.

Développée avec le concours du département Motorsport de Weissach, la GT4 devient ainsi le Cayman le plus puissant de l'histoire. À la place du six-cylindres 3,4 litres, les ingénieurs ont installé le six-cylindres 3,8 litres issu de la 911 Carrera S. Il fournit la bagatelle de 385 ch à 7 400 tr/min tandis que le couple délivre 420 Nm entre 4 750 et 6 000 tr/min. Ce bloc à injection directe d'essence et à quatre soupapes par cylindre se dote de la distribution variable et de la levée variable des soupapes côté admission (VarioCam Plus) et du rattrapage hydraulique du jeu des soupapes. Il affiche une puissance de 101,3 ch au litre. C'est l'une des spécificités de la GT4 : la transmission est assurée par une boîte manuelle à six rapports à paliers dynamiques. Dans *Le Figaro*, le journaliste n'hésite pas à écrire : "Sa fiche technique le ferait presque passer pour un modèle d'une époque révolue. Et pourtant, le

Cayman GT4 n'est pas loin d'incarner l'esprit des Porsche RS, ces machines à vocation sportive affirmée, et de remplacer, dans le cœur de certains puristes, la 911 GT3. En prenant de l'âge, la plus sportive des 911 s'est éloignée de sa base. Adepte du 'toujours plus', elle est sans doute devenue trop inaccessible pour une frange de passionnés. Surtout dans sa dernière livraison GT3 RS facturée 184 925 €. C'est ainsi qu'est née la GT4, le premier Cayman ultra-sportif de l'histoire. Un véhicule qui pratique la câlinothérapie avec une dextérité peu commune, en étant capable, tout à la fois, d'attirer dans ses filets une nouvelle génération d'amateurs et de retenir les partants." Il poursuit : "Lorsque vous verrez la GT4 grossir dans vos rétroviseurs, vous penserez d'abord à une GT3 dont elle reprend les prises d'air béantes dans le bouclier et le capot avant. Tapi au ras du sol grâce à son châssis surbaissé de 30 mm par rapport à un Cayman standard, campé sur des énormes pneus d'un diamètre de 20 pouces et d'une largeur inusitée, ce bolide impressionne. Et si ses voies ont été élargies de 13 mm, il n'a pas la bestialité d'une 911. Par contre, les prises d'air latérales, l'aileron fixe en plastique léger renforcé de fibres de carbone (PRFC) surplombant la lunette arrière et l'aérodynamique peaufinée à base de nervures, de lèvres ne laissent planer aucun doute sur la vocation de la GT4. Mais si elle privilégie la performance en circuit, la nouvelle sportive de Porsche n'oublie pas que c'est par la route qu'elle entend rejoindre ses terrains de jeux." La GT4 se distingue encore par sa ligne d'échappement à deux sorties centrales, ses feux arrière surteintés et la partie basse du bouclier plus enveloppante.

Le Cayman GT4 emprunte de nombreuses solutions techniques à la 911 GT3. (Photo TIBO)

L'INFLUENCE DE LA 911 GT3

La GT4 emprunte nombre de solutions techniques à la GT3. Le châssis et le système de freinage sont en grande partie issus de sa grande sœur. L'empattement a été accru de 9 mm (2 484 mm) pour augmenter la longueur totale de 34 mm par rapport au Cayman GTS. Le GT4 est aussi abaissé de 18 mm.
Allié de la performance, le système de freinage repose donc sur des étriers fixes monoblocs en aluminium avec six pistons sur l'essieu avant et quatre pistons sur l'essieu arrière. À l'avant comme à l'arrière, les disques de frein mesurent 380 mm de diamètre, soit 50 mm de plus à l'avant et 80 mm de plus à l'arrière que sur le Cayman GTS. Pour réduire les masses non suspendues, les disques sont de type composite et pèsent ainsi deux kilos de moins que des disques conventionnels. Le Cayman GT4 est également doté d'un dispositif de refroidissement spécifique. À l'avant, de l'air frais est dévié vers les bras transversaux et les freins par des aubes directrices et le becquet. À l'arrière, des canaux de circulation d'air de refroidissement ont été conçus. Le système de freinage en carbone-céramique avec des disques de 410 mm de diamètre à l'avant et de 390 mm à l'arrière hérités de la 911 GT3 a été développé pour les amateurs des séances de roulage en circuit.
Le design des jantes de la GT4 rappelle celui de la 911 GT3, à la différence qu'elles sont fixées par un vissage à cinq trous. La dimension des roues est nettement supérieure à celle d'un Cayman de série : pour un diamètre de 20 pouces, la largeur des pneus avant est de 8,5 pouces, celle des jantes arrière de 11 pouces. L'avant reçoit des pneumatiques de 245/35 et l'arrière de 295/30. À l'instar de la GT3, la GT4 est équipée de série d'un système de contrôle de la pression des pneus (RDK) intégrant la fonction supplémentaire mode Circuit. Ce système permet de surveiller de manière précise une pression réglée individuellement tout en tenant compte des conditions de pression atmosphérique et des températures sur le circuit, en temps réel. La vitesse de pointe ressort à 295 km/h tandis que le 0 à 100 km/h est expédié en 4,4 secondes, soit des performances comparables à celles de la 911 Carrera S.
La GT4 s'adresse vraiment aux adeptes des réunions de clubs en circuits et des départementales sinueuses. *Le Figaro* explique :

La sportivité n'empêche pas la fonctionnalité. Le Cayman GT4 conserve la même polyvalence d'usage que ses frères. (Archives Porsche AG)

"La GT4 renoue avec les vieilles recettes du plaisir automobile : deux roues motrices et boîte manuelle à 6 vitesses. Les as de la conduite à l'ancienne vont se délecter de son levier se maniant d'une petite impulsion du poignet, comme celui d'une monoplace. Ils vont apprécier aussi de montrer qu'ils maîtrisent le talon-pointe, un système gérant le double débrayage automatique. Pour les autres, il suffira de presser un bouton qui gère tout seul le coup de gaz à la descente des rapports. Plein à tous les régimes, mais linéaire jusqu'à 5 000 tr/min, ce 3,8-litres épate surtout par son allonge incroyable, jusqu'à 8 000 tr/min, et son timbre rauque ou strident qui rappelle celui des 911 de compétition des années 1960. Sur circuit, les performances sont impressionnantes. Ce résultat remarquable s'appuie, outre les trains roulants empruntés à la dernière GT3, sur des pneumatiques Michelin Pilot Sport Cup 2 développés spécialement pour elle, un autobloquant mécanique à l'arrière et l'amortissement piloté PASM. La GT4 n'est jamais prise en défaut de motricité. La progressivité de la pédale d'accélérateur qui permet d'entretenir des dérives du train arrière et la puissance époustouflante du freinage participent à la facilité avec laquelle on chasse le chrono. On évolue donc au volant d'une Porsche qui est un régal absolu de pilotage. À la limite, on observe une tendance au sous-virage qui pourrait être jugulée en jouant sur la dureté des barres antiroulis et les réglages de l'assiette et du carrossage (trois positions). Les pilotes les plus actifs opteront sans doute pour les disques en carbone-céramique (7 380 €) mais, dans l'absolu, ceux-ci ne sont pas nécessaires. Sur la route, l'efficacité s'accompagne d'un confort réjouissant ouvrant la voie à un usage quotidien." Pour la piste, les ingénieurs allemands ont introduit un PSM (Porsche Stability Management) débrayage sur deux niveaux. Le premier niveau "ESC OFF" désactive le système de régulation dynamique transversale ESC, mais préserve les fonctions de régulation de la dynamique longitudinale. Le second niveau "ESC + TC OFF" désactive l'ensemble des systèmes de régulation, à l'exception du système antiblocage.

UNE APPLICATION POUR LES PISTARDS

L'habitacle respecte la tradition des modèles les plus sportifs. Mais, même chez Porsche, les clients d'aujourd'hui ne sont plus disposés à sacrifier le confort sur l'autel de la sportivité. Malgré l'ouverture des portes par sangles, la présence de sièges baquets et d'un petit volant à la jante épaisse en suédine, on est loin du dépouillement spartiate d'une 2,7 RS de 1973. L'univers est bien celui d'un Cayman GTS, à ceci près que le décor est agrémenté de surpiqûres couleur platine. Les accros du circuit recourront aux packs Sport Chrono ou Clubsport (3 980 €). Ce dernier donne accès à des baquets à coque carbone, au harnais six points, à l'arceau cage, à un extincteur et au pack Sport Chrono pouvant aussi être commandé séparément moyennant 1 608 €. Ce dispositif s'accompagne de l'application Porsche Track Precision qui permet de gérer, à partir de son Smartphone, ses temps au tour et de visualiser les endroits du circuit où le pilote peut progresser.
Le Figaro conclut son essai par une appréciation élogieuse : "À notre sens, la GT4 incarne vraiment l'esprit RS. Voici bien longtemps que l'on n'avait pas éprouvé autant de plaisir au volant d'une berlinette sportive. Les principaux atouts de ce Cayman à la fibre course : rester à dimension humaine et autoriser une grande polyvalence d'usage. Ses performances de premier plan restent parfaitement exploitables. Cela n'a pas échappé aux connaisseurs. La série qui ne devrait pas dépasser les 2 000 unités est déjà presque consommée." Effectivement, avant même la parution des premiers comptes rendus d'essais dans la presse, Porsche faisait savoir qu'il y aurait beaucoup de recalés, malgré un prix de vente de 88 310 euros en France. Le cercle des puristes se consola en mettant en avant une masse qui n'avait pas perdu un seul gramme (1 340 kg). Cela ouvrait la voie à une version dépouillée. Cette dernière est présentée au Salon de Los Angeles, fin novembre 2015.

L'ambiance intérieure du Cayman GT4 s'inspire largement de celle du GTS. (Archives Porsche AG)

Non homologuée pour la route et destinée à la compétition, le Cayman GT4 Clubsport s'offre un programme d'allégement et quelques modifications techniques. Le moteur 3,8 litres délivre la même puissance de 385 ch et la transmission n'est plus manuelle mais à double embrayage avec palettes au volant. Le freinage a été adapté pour répondre aux contraintes d'un usage intensif en compétition, l'ABS peut être réglé suivant douze étalonnages différents et l'intervention de l'ESP a été modifiée en raison de l'adoption de pneumatiques slicks Michelin (25/64-18 à l'avant et 27/68-18 à l'arrière).

Les essais internationaux du Cayman GT4 ont eu lieu sur le circuit de Portimao, au Portugal. (Archives Sylvain Reisser)

Un blocage de différentiel spécialement prévu pour la course complète le dispositif. Au final, Porsche a réussi à économiser 40 kg en mettant la caisse à nu. L'habitacle dépouillé ne comporte ni moquette ni isolant ni siège passager. L'habitacle est celui d'une voiture de course avec l'arceau cage soudé, le siège baquet du pilote et le harnais six points. Porsche a prévu deux tailles de réservoir : 70 litres ou 100 litres en option, au lieu des 90 litres du modèle GT4 de route. Homologuée pour les différents championnats GT organisés dans le monde, la GT4 Clubsport était facturée 111 000 euros hors taxes.

Sur la base du Cayman GT4, Porsche développe une version Clubsport destinée à la compétition. (Archives Porsche AG)

UN SPYDER COLLECTOR

Avant d'avoir délivré les premiers GT4 à la clientèle, Porsche lâche un nouveau Boxster Spyder, à l'occasion du Salon de New York, en avril 2015. C'est le quatrième roadster à s'offrir ce patronyme évocateur. Au premier coup d'œil, le lien de parenté avec le Cayman GT4 saute aux yeux. Comme sur le précédent spyder, le nouveau modèle évoque les fameux modèles de course 550 et 718 des années 1950-1960 avec son double bossage derrière les appuie-tête. La commande électrique de la capote en toile a été sacrifiée sur l'autel de l'allégement, mais, contrairement à son prédécesseur, le nouveau Spyder conserve un mécanisme d'ouverture classique qui permet de le manœuvrer facilement. Par rapport au modèle précédent, la capote a été allégée de 11 kg et il est possible de rouler capoté à l'allure souhaitée. Dans la traque aux kilos superflus, le Boxster Spyder se dispense de climatisation et de radio. Ces équipements restent toutefois disponibles en option, sans supplément de prix. Affichant un poids de 1 315 kg sur la bascule, le nouveau Spyder s'avère 40 kg plus lourd que le précédent modèle, mais 35 kg plus léger qu'un Boxster GTS. Sous le capot arrière, en position centrale, on retrouve le six-cylindres atmosphérique 3,8 litres du Cayman GT4, mais dégonflé de 10 ch. Il fournit ainsi 375 ch. Il reste associé à la boîte manuelle à six rapports. Par rapport à la GT4, la vocation étant plus tournée vers le grand tourisme, le châssis n'offre pas de réglages aussi sportifs. Il a toutefois été raffermi et l'assiette abaissée de 20 mm au profit de mouvements de caisse mieux maîtrisés et d'une plus grande agilité. Le différentiel à glissement limité, le Torque Vectoring, des freins de 911 Carrera et une direction plus directe font

Le Cayman GT4 inspire un Boxster Spyder présenté au Salon de New York 2015. Le flat-six 3,8 litres est dégonflé à 375 ch. (Archives Sylvain Reisser)

Par rapport à la précédente génération, le système de la capote a été amélioré mais la vocation du Spyder reste la conduite cheveux au vent. (Photo Greg)

cependant partie des modifications apportées au Spyder. Sur la boucle nord du Nürburgring, ce modèle ne peut pas suivre le rythme du Cayman GT4, mais il est tout de même crédité d'un chrono de 7 minutes 48 secondes. Il ne rend que 0,1 seconde sur l'exercice du 0 à 100 km/h (4,5 secondes). Avec la sonorité envoûtante du six-cylindres qui rugit dans les oreilles, le Spyder offre des sensations décuplées. En France, son tarif débute à 82 430 euros, soit 8 760 euros de plus que celui du Boxster GTS. Encore une fois, le Spyder connaît un succès sans précédent. Il contribue à entretenir la désirabilité de la marque allemande, au moment où le groupe Volkswagen traverse de fortes turbulences, à cause de l'affaire du dieselgate.

La sonorité envoûtante du six-cylindres 3,8 litres au grand air : le Boxster Spyder réserve des sensations indicibles. (Photo Greg)

BERGSPYDER, UN BOXSTER EXTRÊME

Une nouvelle fois, Porsche convoque l'histoire lorsqu'il décide d'imaginer une machine aussi légère que minimaliste à partir du Boxster Spyder. Dénommé Bergspyder en hommage au spyder 909 devenu célèbre en 1968 pour être le modèle de course le plus léger du constructeur avec une masse qui ne dépassait pas 384 kg, cette voiture n'accueille qu'une seule personne et se passe de toit, de poignées de portes et de pare-brise. L'interprétation moderne du Bergspyder ne dépasse pas 1 099 kg sur la bascule. L'adoption du six-cylindres à plat de 3,8 litres et 385 ch du Cayman GT4 permet de revendiquer un rapport poids-puissance et des performances sans équivalent dans la famille des sportives à moteur central. Le Boxster Bergspyder atteint 100 km/h en à peine 4 secondes et boucle le circuit du Nürburgring en 7 minutes 30 secondes. Faute de débouchés suffisants et de normes de sécurité rendant l'homologation trop difficile, ce spyder restera une œuvre unique.

(Archives Porsche AG)

CHANGEMENT DE PRÉSIDENCE

En plein Salon de Francfort, le 18 septembre 2015, trois jours après que le tout-puissant patron de Volkswagen, Martin Winterkorn, a annoncé que le groupe aux douze marques était redevenu le leader mondial du secteur au premier semestre 2015 ; par un communiqué officiel, Volkswagen reconnut les accusations lancées contre lui par l'agence américaine de l'environnement. Le constructeur allemand avoua une fraude d'une ampleur inconnue jusqu'ici dans le secteur. Onze millions de véhicules diesels du groupe vendus dans le monde ont été équipés d'un logiciel capable de dissimuler le niveau réel d'émissions de gaz polluant. Des modèles de la marque Porsche sont concernés. En Bourse, le titre Volkswagen entame sa descente aux enfers. Durant la seule journée du 22 septembre, il dévisse de plus de 30 %, perdant plus de 30 milliards d'euros. Le dieselgate va avoir des conséquences bien au-delà de l'entreprise Volkswagen et de sa gouvernance. Cette affaire relance le débat sur le diesel propre et, au-delà, jette le discrédit sur la fiabilité des normes d'émissions européennes. Le diesel n'est pas loin d'être répudié. Les écologistes appellent à une sortie du diesel, responsable, selon eux, de la pollution. Le doute s'installe dans les esprits. Dans une ambiance cacophonique, tout le monde apporte son grain de sel. Le dieselgate aura révélé tout à la fois de nombreux amalgames et la méconnaissance totale des politiques à l'égard du secteur automobile. Pendant ce temps, à Wolfsburg, l'empire Volkswagen vacille. Le 23 septembre à 17 heures, Winterkorn annonce dans un communiqué sa démission. Deux jours plus tard, la presse annonce que Matthias Müller, le président de Porsche, va être amené à le remplacer. Depuis qu'il a pris le volant de la marque de Zuffenhausen en 2010, cet ingénieur informaticien, qui a gravi les échelons un à un chez Audi puis au sein de Volkswagen, a réalisé un sans-faute. En 2015, sous son impulsion, la production a dépassé les deux cent mille unités, un volume inimaginable encore quelques années auparavant. C'est aussi sous sa direction que Porsche a annoncé un important programme d'investissement en faveur de l'électromobilité. Avant même le dieselgate, l'industrie automobile avait déjà pris des mesures pour réduire son empreinte carbone. L'affaire Volkswagen a accéléré le processus. Le hasard a voulu que ce soit à l'occasion de ce fameux Salon de Francfort que Porsche dévoile avec le concept Mission-E son intention de commercialiser un véhicule 100 % électrique. Le 30 septembre, le constructeur de Zuffenhausen annonce confier la présidence à Olivier Blume, jusqu'ici directeur de la production. Diplômé de l'université technique de Brunswick, cet ingénieur de quarante-sept ans est aussi un pur produit du groupe Volkswagen, œuvrant d'abord pour Audi, puis pour Seat et pour Volkswagen. Depuis le début de l'année 2013, il avait rejoint le directoire de Porsche.

Chez Porsche, les modèles restent rarement plus de quatre ans au catalogue. À la fin de l'année 2015, la production de la génération 981 du Boxster et du Cayman est arrêtée pour laisser la place à une nouvelle mouture. À l'heure du bilan, les ventes des modèles à moteur central ont connu une érosion par rapport à la génération 987. Ces sportives ne sont pas passées de mode, mais l'engouement est moins important. Le Boxster reste le plus demandé. Sa production a représenté 54 374 unités alors que celle du Cayman n'a pas excédé 38 986 exemplaires.

À la suite du dieselgate, en octobre 2015, Matthias Müller, le président de Porsche, prend la direction du groupe Volkswagen. (Archives Sylvain Reisser)

PORSCHE 911, LA CONVERSION AU TURBO

C'est la fin d'une époque. À une semaine de l'ouverture du Salon de Francfort de 2015, Porsche annonce que la 911 Carrera va abandonner ses motorisations atmosphériques au profit d'un bloc de plus faible cylindrée et turbocompressé. Les puristes poussent des cris d'orfraie, mais le constructeur n'a pas d'autre alternative pour réduire les émissions de CO_2. La cylindrée est réduite à 3 litres, mais la puissance est en hausse de 20 ch : 370 ch pour la Carrera et 420 ch pour la version S.

Les valeurs de couple augmentent de 60 Nm et s'établissent respectivement à 450 Nm et 500 Nm dès 1 700 tr/min et jusqu'à 5 000 tr/min. Le régime maximal est désormais de 7 500 tr/min. Le constructeur assure avoir conservé la si typique signature sonore du fameux six-cylindres à plat. Côté consommation, la marque précise que la nouvelle 911 est 12 % plus sobre que la précédente version. Avec la boîte PDK à double embrayage, elle se contente de 7,4 litres d'essence aux 100 km.

(Archives Porsche AG)

718
LE RETOUR AUX SOURCES

Afin de réduire les émissions de gaz à effet de serre de sa gamme, Porsche décide de développer un inédit moteur quatre cylindres à plat pour le Boxster et le Cayman. (Archives Porsche AG)

Lorsque Porsche commence à travailler au renouvellement de la famille Boxster-Cayman (code 982), il acquiert rapidement la conviction de ne pas pouvoir reproduire le schéma existant. La nouvelle législation européenne imposant une réduction de la moyenne des émissions de CO_2 à 95 g/km en 2020, l'introduction d'un nouveau protocole de mesure d'homologation de la consommation (WLTP) voulu plus proche de la réalité et qui va relever le niveau des émissions, ainsi que l'épée de Damoclès que représente la perspective de la mise en place de restrictions de circulation dans le cœur des grandes métropoles le poussent à reconsidérer entièrement sa gamme de motorisations. La 911 n'est pour l'instant pas concernée. Pas question de toucher à l'icône de la marque et à son six-cylindres à plat, sa marque de fabrique. Ce postulat posé, le comité de direction décide d'électrifier une bonne partie de sa gamme. Le Cayenne et la Panamera doivent participer à l'objectif de réduction des émissions de CO_2 en s'enrichissant de versions hybrides rechargeables. Cela ne saurait suffire.

SEPT ANS DE MISE AU POINT

Le constructeur allemand, qui veut à tout prix se prémunir de la chute de son modèle économique, acte un investissement de 6 milliards d'euros dans un vaste programme d'électromobilité qui doit lui permettre de proposer à partir de la fin de l'année 2019 ses premiers véhicules 100 % électrique. S'agissant du programme Boxster-Cayman, dès le début de l'année 2015, la rumeur enfle que les ingénieurs et les motoristes du centre technique de Weissach travaillent à la conception et au développement d'un inédit quatre-cylindres à plat. Retour aux sources pour les uns, reniement pour les autres : la nécessaire réduction des rejets de CO_2 et la perspective pour les principaux marchés d'instaurer de nouvelles taxes assises sur le nombre de cylindres ont imposé cette révolution. "Il n'y avait pas d'autres alternatives", dira l'ingénieur en charge du développement des moteurs lors de la présentation des véhicules, pour couper court à toute discussion sur la pertinence d'installer un quatre-cylindres sous le capot des sportives à moteur central. Question de sémantique, chez Porsche, ce *downsizing*, qui consiste dans la réduction de la cylindrée des moteurs et du nombre de cylindres que l'on compense par l'adjonction d'une suralimentation, prend plutôt la dénomination de *rightsizing* (la taille parfaite). Ce virage comporte cependant un risque. Comment la clientèle va-t-elle accueillir ce qui ressemble à un retour en arrière ? Les derniers modèles quatre cylindres n'ont-ils pas connu un succès mitigé en raison de l'architecture de leur moteur ? Porsche a multiplié les atouts pour se prémunir des critiques. Le nouveau quatre-cylindres à plat profite ainsi des enseignements du moteur de course qui équipe les prototype 919 Hybrid victorieux aux 24 Heures du Mans. Les similitudes se vérifient au niveau de la distance des entraxes de cylindres et de l'injection directe en position centrale. De l'aveu des motoristes, son développement n'a pas été un long fleuve tranquille. Près de sept ans ont été nécessaires pour mettre au point ce moteur qui devait préserver les gènes sportifs Porsche. Les impératifs de refroidissement qui grèvent le poids et la sonorité ont nécessité une attention particulière. En décembre 2015, dans un communiqué, la firme de Zuffenhausen lève un coin de voile sur la nouvelle génération de ses sportives à moteur central. Ces véhicules adoptent le préfixe "718". Une dénomination qui renvoie au spyder de course 718 RS 60 et à l'une des plus belles pages de son histoire sportive. Le recours à un nombre permet également à Porsche de distinguer sa famille de sportives, qui comprend également la 911, de la gamme des modèles à moteur avant symbolisée par des noms (Cayenne, Macan et Panamera).

UNE HAUSSE DES PERFORMANCES

Quelques semaines plus tard, Porsche dévoile les caractéristiques de ces nouveaux modèles à moteur central. Ils bénéficient de plus de 70 % de pièces nouvelles. Le nouveau flat-4 est au cœur de ces changements. Le *downsizing* selon Porsche se caractérise par une augmentation de la puissance et une diminution de la consommation. Le gain est de 35 ch par rapport aux flat-six 2,7 litres (265 ch) et 3,4 litres (315 ch) qu'ils remplacent. Le nouveau quatre-cylindres à plat suralimenté se décline en deux versions : 300 ch pour le 718 Boxster de 2 litres et 350 ch pour le Boxster S de 2,5 litres. Le couple est également en forte hausse. La version 2 litres fournit 380 Nm sur une large plage de régime, de 1 950 à 4 500 tr/min, cela correspond à une augmentation de 100 Nm. Le bloc 2,5 litres assure un couple de 420 Nm entre 1 900 et 4 500 tr/min, soit 60 Nm de plus que précédemment. Les deux quatre-cylindres à lubrification par carter sec et pompe à huile pilotée se distinguent par des différences de traitement. Le moteur de base adopte un turbocompresseur classique à vanne de dérivation (*wastegate*) qui comprime

La poupe du Boxster 718 évolue en profondeur, adoptant un aileron agrandi et des feux à LED. (Photo TIBO)

718 Boxster S
S GO 2706

l'air envoyé, en plus grande quantité, dans les chambres de combustion. Le moteur 2,5 litres est, pour sa part, alimenté en air par un turbocompresseur à géométrie variable, jusqu'à présent réservé en exclusivité mondiale à la 911 Turbo. Sur le 718 Boxster S, un *wastegate* supplémentaire permet au turbocompresseur à aubes fixes à pas variable de toujours fonctionner avec un rendement optimal grâce à la gestion ciblée du flux de gaz d'échappement. L'énergie présente dans le flux des gaz est ainsi transformée en puissance motrice de la manière la plus efficace qui soit. Les motoristes ont principalement porté leurs efforts sur la réduction du temps de réponse du turbocompresseur afin d'obtenir des reprises comparables à celles d'un moteur atmosphérique. C'est ainsi que le système de précharge du turbocompresseur repose sur la fermeture de la vanne de dérivation, la réduction de l'angle d'allumage et l'ouverture du papillon des gaz. Résultat : le couple moteur reste au même niveau pendant que le débit d'air atteignant le moteur et la pression de suralimentation augmentent. Même lorsque le conducteur lève brièvement le pied durant une phase d'accélération à fond, le papillon reste ouvert en grand, seule l'injection d'essence étant coupée. L'intérêt est de ne pas relâcher la pression de suralimentation de telle sorte que le moteur réagisse immédiatement à toute nouvelle sollicitation.

Autre innovation : le refroidissement indirect de l'air de suralimentation *via* un circuit supplémentaire. Un échangeur thermique, disposé au-dessus du moteur, permet à l'air comprimé en provenance du turbocompresseur de transférer une partie de sa chaleur au liquide de refroidissement. Le liquide circule ensuite à travers un radiateur prévu pour chaque prise d'air. Cette technologie provient des moteurs biturbo six cylindres de 3 litres de la 911. Il est ainsi désormais possible d'ajuster encore mieux la réaction du moteur turbo à bas régimes en vue d'obtenir la spontanéité sportive typée Porsche. Cela est dû à l'introduction d'un arbre à cames d'échappement réglable avec levée variable des soupapes. Il s'ajoute au réglage de l'arbre à cames d'admission, déjà présent sur le modèle précédent.

Les deux 718 Boxster sont équipés de série d'une boîte manuelle à six rapports. La transmission à double embrayage Porsche PDK à sept rapports est également disponible en option. La boîte PDK est dotée de la fonction Stop-Start automatique perfectionnée. Celle-ci coupe le moteur avant l'immobilisation complète de la voiture pour une plus grande efficacité. En dépit des efforts des ingénieurs, la génération 718 s'avère plus lourde que celle qu'elle remplace. En cause, le système de refroidissement et le turbocompresseur qui augmentent le poids de 5 kg pour le 718 Boxster et de 15 kg pour la version S. C'est l'essentiel pour Porsche, le *downsizing* entraîne une hausse des performances et une baisse de la consommation. Le 718 Boxster atteint 100 km/h en 4,9 secondes ou 4,7 secondes avec la boîte de vitesses PDK et le pack Sport Chrono, ce qui représente un gain de 0,8 seconde par rapport au modèle précédent. Dans les mêmes conditions, le 718 Boxster S n'a besoin que de 4,2 secondes, devançant ainsi son prédécesseur de 0,6 seconde. Le modèle S atteint 200 km/h en 14,7 secondes. La vitesse de pointe s'élève à 275 km/h pour le 2-litres et à 285 km/h pour le 2,5-litres. Dans le même temps, les nouveaux Boxster consomment jusqu'à 13 % de carburant en moins. La boîte PDK assure la plus grande sobriété. Le 2-litres se contente ainsi de 6,9 litres aux 100 km selon le cycle NEDC, soit 0,7 litre de moins que l'ancien modèle. L'appétit du 2,5-litres baisse de 0,9 litre aux 100 km, ce qui correspond à une consommation normalisée de 7,3 litres aux 100 km. Les émissions de CO_2 perdent plus de 20 g/km en moyenne par rapport aux modèles à moteur six cylindres. Avec la boîte PDK, le 2-litres annonce 158 g/km et le 2,5-litres 167 g/km, ce qui reste très raisonnable compte tenu des performances.

QUATRE POINTS DE LUMIÈRE

Au premier regard, le 718 Boxster s'identifie à ses projecteurs bi-xénon avec feux de jour à leds, à quatre points en option comme sur les prototypes du Mans, et à ses optiques fines au-dessus des prises d'air latérales. La silhouette a gagné en tension avec des ailes et bas de portes inédits, des poignées de porte sans cuvette et les prises d'air latérales traversées par deux lamelles. La poupe évolue plus franchement, adoptant des feux translucides reliés par une baguette avec monogramme Porsche et un becquet à l'extrémité du capot moteur. Le 718 Boxster reçoit de série des roues de 18 pouces (235/35 ZR 18 et 265/45 ZR 18) tandis que la monte pneumatique du 718 Boxster S est plus généreuse. Des jantes de 19 pouces chaussent des pneumatiques de 235/40 ZR 19 à l'avant et de 260/40 ZR 19 à l'arrière.

Pour s'adapter à la hausse des puissances et renforcer l'agilité, le châssis est entièrement repensé en vue d'augmenter la vitesse de passage dans les courbes. Les améliorations portent essentiellement sur l'augmentation de la raideur de la barre antiroulis et des ressorts afin d'annihiler les mouvements de cabrage à l'accélération et de plongée au freinage. Les réglages permettent également de maintenir le confort à un niveau élevé, même sur une chaussée accidentée.

L'habitacle hérite de nombreux éléments de la 991.
L'écran tactile est agrandi et intègre le nouveau système d'infodivertissement PCM. (Photo TIBO)

La direction électromécanique s'avère plus directe de 10 %. L'essieu arrière bénéficie d'un important développement. Une nouvelle barre transversale renforce le faux châssis en vue d'améliorer la rigidité latérale. Les amortisseurs dotés de pistons et de cylindres de diamètre plus large contribuent également à la précision du guidage des roues en raison de leur plus grande rigidité. Les roues arrière plus larges d'un demi-pouce assurent un meilleur appui aux pneumatiques.

Le système de freinage est redimensionné pour tenir compte de la hausse des performances. Le 718 Boxster hérite du dispositif utilisé jusque-là sur le Boxster S et reposant sur des disques de 330 mm de diamètre à l'avant et de 299 mm à l'arrière. De son côté, le 718 Boxster S adopte à l'avant les étriers à quatre pistons de la 911 Carrera, associés à des disques de frein plus épais. De plus, Porsche équipe les 718 Boxster du freinage anti-multicollision. Le système peut réduire l'intensité d'un second impact en freinant automatiquement le véhicule après un premier impact.

Pour la première fois, le châssis sport PASM (Porsche Active Suspension Management) se distinguant par un abaissement de 20 mm de la carrosserie et des réglages de suspensions raffermis est disponible en option sur le Boxster S. Par ailleurs, le PASM avec châssis surbaissé de 10 mm est aussi au programme.

L'habitacle s'inspire nettement de celui de la 911 tant au niveau du dessin de la planche que de l'ergonomie et du système d'info-divertissement. La partie supérieure de la planche de bord, remaniée, fait écho au design tridimensionnel de l'extérieur avec ses buses d'aération saillantes. Le volant sport de 375 mm de diamètre évoque celui de la 918 Spyder. En option, il peut être chauffant et être remplacé par un modèle sport de 360 mm de diamètre. Cinq nouveaux coloris intérieurs permettent de pousser un peu plus loin la personnalisation des modèles 718, notamment celle de la sellerie cuir bicolore. De nouveaux aérateurs positionnés au-dessus de l'écran multimédia font leur apparition. La console centrale surélevée provient de la 991 Phase II. Elle loge notamment le levier de vitesses et le nouveau système d'infodivertissement Porsche Communication Management (PCM). Si les deux coffres (avant et arrière) d'une capacité totale de 275 litres permettent de loger les bagages de deux personnes, le Boxster est hélas toujours dépourvu de rangements, offrant juste la possibilité de glisser un blouson derrière les sièges. Concession à la modernité, le système Porsche est compatible Apple CarPlay avec commande vocale Siri. La cartographie du module de navigation progresse, adoptant désormais un mode 3D. Porsche assure les mises à jour gratuitement des cartes durant les trois premières années. Comme sur la 911, le 718 Boxster propose le pack Sport Chrono en option offrant quatre modes : Normal, Sport, Sport Plus et Individual. Ce dispositif intervient sur les réglages du PASM, de la ligne d'échappement Sport, de la fonction Stop-Start automatique et du becquet arrière avec les modes de conduite favoris. Avec la boîte PDK, le moteur et la transmission disposent d'un boost de 20 secondes afin d'effectuer un dépassement en toute sérénité. À l'attention des conducteurs les plus expérimentés, le nouveau Boxster intègre le mode PSM Sport avec le pack Sport Chrono. Le système de contrôle de la stabilité peut être désactivé pour explorer les limites du véhicule en circuit fermé. Par rapport à la version standard du PSM, il autorise un angle de dérive beaucoup plus grand et un patinage plus important des roues motrices. C'est ainsi que toutes ses évolutions ont été validées sur la Nordschleife du Nürburgring où le 718 Boxster S tourne seize secondes plus vite que son prédécesseur.

La qualité Porsche, c'est aussi une capote revue au profit de l'insonorisation. (Photo TIBO)

UNE SONORITÉ DE QUATRE-CYLINDRES À PLAT

Cela ne va pas plaire à tout le monde. Dans le quotidien *Le Figaro*, le journaliste assure qu'à moyen régime le quatre-cylindres à plat se distingue par un timbre de Coccinelle : "En tendant l'oreille, les souvenirs de buggys propulsés par un moteur VW préparé et de la Porsche 914/4 remontent à la surface. C'est certes un peu moins flatteur que le six-cylindres à plat, mais les sensations ne sont pas émoussées, surtout avec le mode Sport libérant les valves à l'échappement et générant des borborygmes à la décélération." Une ligne d'échappement Sport, caractérisée par deux sorties d'échappement regroupées au centre, est disponible en option pour tous les modèles.
Le 718 Boxster arrive dans un contexte porteur. Porsche a enregistré un nouveau record au premier trimestre 2016, portant ses livraisons de véhicules neufs à 55 974 unités, soit une progression de 9 % par rapport à la même période de 2015. Sans surprise, les Macan et Cayenne sont les modèles les plus populaires, mais le lancement imminent de la nouvelle génération de sportives à moteur avant n'a pas ralenti la demande pour les anciens modèles. Il est probable que l'opportunité d'acquérir les dernières versions à moteur six cylindres a dynamisé le marché. Au premier trimestre 2016, Porsche a livré 3 029 Boxster, ce qui représente une hausse de 23 %, et 2 822 Cayman (plus 27 %).

LE CAYMAN SUCCOMBE À SON TOUR AU QUATRE-CYLINDRES

Avec un décalage de près de six mois, en juillet, c'est au tour des 718 Cayman et 718 Cayman S de faire leur entrée, quinze

UN CONCEPT HOMMAGE AU MANS

Fin 2020, sous le titre "Porsche Unseen" (des Porsche jamais vues), le constructeur dévoile des maquettes de style à l'échelle 1/1 qui ont constitué une source d'inspiration pour le bureau de style dirigé par Michael Mauer. En 2016, les designers ont laissé libre cours à leur créativité en imaginant le concept de coupé Le Mans Living Legend. Ce véhicule, qui rappelle que le constructeur a engagé des coupés 550 au Mans en 1953, accueille un huit-cylindres en position centrale arrière. Les portes s'ouvrent en élytre et le capot moteur se soulève et coulisse vers l'arrière, comme le système de la 911 Targa.

(Porsche AG)

À la différence des précédentes générations, le 718 Cayman est équipé des mêmes motorisations que le roadster. (Photo Greg)

jours après la seconde victoire consécutive de Porsche aux 24 Heures du Mans. La dix-huitième de son histoire. Le coupé à moteur central se convertit également au quatre-cylindres à plat turbocompressé. Les caractéristiques et les performances sont identiques au 718 Boxster. Comme toujours, le Cayman possède sa propre personnalité résultant de la silhouette de coupé. Hormis le toit et le hayon, la carrosserie est identique au roadster. Si les deux véhicules partagent la même longueur de 4 379 mm et la même largeur de 1 801 mm, la hauteur du Cayman est supérieure de quelques millimètres. Dans le domaine des équipements, le Cayman peut s'équiper du régulateur de vitesse adaptatif en option. Le mode Croisière assorti à la boîte PDK débraye la transmission lors de la circulation en file indienne de manière à économiser du carburant. Le Cayman peut également recevoir l'avertisseur de changement de voie qui surveille le trafic venant de derrière à l'aide d'un radar et signale au conducteur les véhicules se rapprochant dans l'angle mort, au moyen de leds incorporées dans un coin du rétroviseur.

Enfin, dans le but d'améliorer la précision et la stabilité latérale, le châssis du Cayman bénéficie de nouveaux réglages. Ils concernent les silentblocs hydrauliques ainsi que

De profil, le 718 Cayman présente une silhouette qui s'inspire largement de la 911. (Photo Greg)

l'augmentation des taux de stabilisation et d'élasticité afin de réduire les mouvements de tangage et de roulis. La nouveauté n'est pas passée inaperçue : le Cayman est, pour la première fois de son histoire, moins cher que le Boxster.

Encore une fois, le succès est au rendez-vous. Porsche bat son précédent record en livrant 237 778 véhicules en 2016, soit une hausse de 6 %, et enregistre la meilleure année de son histoire avec un chiffre d'affaires de 22 milliards d'euros et une rentabilité en hausse, à 17,4 %. Malgré le scandale du dieselgate, qui a obligé le groupe Volkswagen à réaliser des économies, Porsche consent à verser une prime exceptionnelle de 9 111 euros à ses salariés. Le 718 Boxster contribue largement à la performance puisque 12 848 unités sont vendues (plus 9 %) pour sa première année de commercialisation. Cela montre que le passage au quatre-cylindres a été globalement bien accueilli. Des résultats qui ne peuvent que satisfaire Oliver Blume et l'ensemble du comité de direction, même si la croissance n'est pas aussi élevée que les dernières années. Porsche peut aussi s'appuyer sur un plan produits dynamique. L'année 2017 est marquée par la commercialisation de la nouvelle Panamera et de motorisations hybrides rechargeables plus sportives.

UN CAYMAN POUR LE RALLYE

(Archives Porsche AG)

Les performances de la GT4 mériteraient de s'exprimer en rallye. C'est ainsi que, dès 2016, les ingénieurs de Weissach lancent un programme de développement d'une voiture de course. Le Cayman GT4 Clubsport modifié pour le rallye participe finalement au rallye d'Allemagne 2018 en ouvreur. Chargé de faire débuter cette étude, le Français Romain Dumas en loue les qualités, admettant toutefois que, pour être performante, la GT4 devra recevoir une boîte courte et un allégement d'au moins 100 kg. Une version développée à partir du 718 Cayman sera présentée en fin d'année 2019, mais on ne la verra pas en compétition.

Dans sa version S, le Cayman atteint les 100 km/h en 4,5 secondes. (Photo Greg)

GTS, UNE VERSION CHARGÉE D'HISTOIRE

Alors que l'année 2017 touche à sa fin, Porsche maintient l'attrait pour la famille de ses sportives à moteur central en déclinant le modèle S des 718 Boxster et Cayman en version GTS. Le moteur quatre cylindres 2,5 litres délivre désormais la puissance respectable de 365 ch, soit un gain de 15 ch. Le couple gagne 10 Nm pour afficher 430 Nm, de 1 900 à 5 000 tr/min. La preuve que les ingénieurs maîtrisent leur sujet : la nouvelle génération de la GTS fait même mieux que sa devancière qui était propulsée par un six-cylindres à plat de 3,4 litres et 340 ch. L'agrément comme les performances progressent légèrement. Le nouveau modèle GTS devient le plus performant de la famille des sportives à moteur avant. Le pack Sport Chrono et la boîte à double embrayage à sept rapports PDK permettent d'atteindre 100 km/h en 4,1 secondes, soit à peine 0,1 seconde de mieux. Le quotidien des possesseurs de la 718 GTS va surtout s'agrémenter des vocalises travaillées de l'échappement. La vitesse de pointe est portée à 290 km/h. La sportivité de la GTS repose sur l'adoption d'un châssis surbaissé de 10 mm, des roues de 20 pouces, du Porsche Torque Vectoring (PTV) avec différentiel arrière à glissement limité et l'amortissement piloté adaptatif (PASM). Les versions GTS du Cayman et du Boxster se reconnaissent à leur dotation enrichie. L'éclairage repose sur des projecteurs bi-xénon teintées noires, comme les feux arrière. La sellerie est en grande partie drapée de suédine. Cette matière, synonyme de sportivité, recouvre les sièges baquets au soutien latéral plus prononcé, la jante épaisse du volant, les contre-portes, l'accoudoir central et la boîte à gants. Enfin, les GTS sont équipées de l'application Porsche Track Precision (PTPA) très utile pour ceux qui pratiquent les réunions de clubs sur circuit. Le premier essai publié par l'hebdomadaire *L'Argus* révèle "une différence assez difficile à percevoir une fois au volant. Quoi qu'il en soit, les performances s'avèrent toujours assez impressionnantes vue la taille du moteur, d'autant plus que ce dernier se montre plein à tous les régimes et offre une sacrée allonge." Et de conclure : "Quelle que soit la transmission choisie, le Boxster distille toujours des sensations d'authentique sportive, grâce à un toucher de route d'une pureté que l'on retrouve sur peu d'autos. Commandé par une direction idéalement ferme et offrant beaucoup de ressenti, le train avant se montre d'une précision chirurgicale. De plus, l'équilibre des masses et la légèreté font merveille dans le sinueux et procurent une belle agilité à ce roadster. Les pilotes non aguerris seront enfin agréablement surpris de voir que l'ESP est calibré de manière à autoriser de légères dérives du train arrière, en toute tranquillité."

PORSCHE ROI DU MANS

Le 18 juin 2017, Porsche remporte la 85e édition des 24 Heures du Mans. C'est la troisième victoire consécutive de son prototype 919 Hybrid, la dix-neuvième de son histoire depuis 1970. En 2016, son bolide s'est imposé miraculeusement après l'abandon, dans le dernier tour, de la Toyota de tête. En 2017, la firme allemande a fait preuve d'une combativité exemplaire puisque le trio vainqueur – Earl Bamber, Brendon Hartley et Timo Bernhard – pointait à l'avant-dernière place samedi soir après un souci mécanique qui lui a fait perdre plus d'une heure.

(Archives Porsche AG)

La version 718 Boxster GTS devant l'hôtel de Prielau appartenant à la famille Porsche et situé à Zell am See, en Autriche. (Photo Karine Bricout)

Propulsée par un quatre-cylindres à plat de 2,5 litres, le 718 Boxster GTS revendique une puissance de 365 ch. (Photo Karine Bricout)

La console centrale du 718 Boxster S avec la touche destinée à l'échappement sport. (Photo TIBO)

Les compteurs des modèles GTS peuvent être assortis à la teinte de la carrosserie. (Photo TIBO)

Les livraisons débutent au moment où le constructeur allemand de voitures de sport présente de nouveaux résultats records. En 2017, il a vendu 246 000 véhicules, en hausse de 4 %. Alors que la 911 a encore représenté trente-deux mille unités, la famille 718 a dépassé toutes les prévisions, enregistrant vingt-cinq mille ventes, en hausse de 6 %. Dans ce contexte, la Chine est devenue le premier marché avec soixante et onze mille unités.

Les versions GTS reçoivent le pack Sport Chrono offrant quatre modes de conduite. (Photo Greg)

Le 718 Cayman GTS devient le coupé à moteur central le plus performant de la gamme en 2018. (Photo TIBO)

L'ambiance sportive repose en grande partie sur l'adoption de la suédine pour la sellerie et le volant. (Photo TIBO)

Les sièges baquets monoblocs des versions GTS maintiennent parfaitement le corps. (Photo TIBO)

La version Touring des 718 Boxster et 718 Cayman est présentée au Salon de Genève de 2019. (Archives Porsche AG)

UN T POUR TOURING

Dans l'industrie automobile, l'animation d'une gamme contribue en grande partie à maintenir l'attractivité d'un modèle. C'est encore plus vrai lorsque l'on opère sur un segment de marché où la concurrence est particulièrement vive ou lorsque le produit concerné relève de la catégorie des véhicules plaisir. Chez Porsche, des études clients montrent que le passage au quatre-cylindres pour le modèle à moteur central a été diversement apprécié. L'un des moyens de faire avaler la pilule est de renforcer la sportivité du véhicule. C'est ainsi qu'à la fin de l'année 2018 Porsche démontre qu'il n'a pas épuisé toutes les pistes de développement de la gamme 718 Boxster et Cayman. Ces deux véhicules succombent à la finition T (pour Touring) utilisée pour la première fois par la 911 à la fin des années 1960 et que le constructeur a récemment ressortie de la naphtaline pour une déclinaison de la 911 génération 991. La formule de la T repose sur un principe simple : proposer une voiture qui fait la part belle aux sensations de conduite. Les 718 Boxster et Cayman T peuvent être considérés comme des versions GTS édulcorées. C'est ainsi que le quatre-cylindres à plat est le 2-litres de 300 ch. Mais il est associé pour la première fois à des équipements réservés jusque-là aux modèles plus puissants : le châssis sportif PASM surbaissé de 20 mm, le pack Sport Chrono avec Porsche Stability Management (PSM) et PSM Sport, la suspension adaptative du groupe moteur Porsche Active Drivetrain Mounts (PADM) et le Porsche Torque Vectoring (PTV) avec blocage mécanique du différentiel arrière. Le système PADM repose sur des supports

Châssis de la GTS mais moteur 2 litres : la version Touring peut être considérée comme une GTS plus accessible. (Photo Greg)

moteurs qui permettent de réduire les oscillations et les vibrations dans la zone du moteur et de la transmission. Ces dispositifs sont complétés par des jantes en alliage léger 20 pouces empruntés à la 911 Carrera S. Peintes en gris titane avec une finition brillante, elles arborent un écusson Porsche monochrome. Les jantes dissimulent des disques de freins de 330 x 28 mm à l'avant et 299 x 20 mm à l'arrière. Ils possèdent des étriers fixes à quatre pistons. En option, les freins Porsche Ceramic Composite Brake (PCCB) sont équipés d'étriers fixes à six pistons peints en jaune sur des disques de 350 x 34 mm à l'avant, et d'étriers fixes à quatre pistons sur des disques de 350 x 28 mm à l'arrière. La 718 T bénéficie elle aussi d'une direction électromécanique, qui garantit une transmission 10 % plus directe que la génération Cayman et Boxster précédente, et qui contribue à l'agilité du véhicule. Le mécanisme de direction est repris de la 911 Turbo, tandis que le design du volant s'inspire de la 918 Spyder.

La 718 T est livrée de série avec une boîte de vitesses manuelle à six rapports. La version PDK est toujours disponible en option. Elle intègre, depuis le sélecteur de modes de conduite situé sur le volant, la fonction Launch Control autorisant des départs de type F1. Si le mode Sport du Response Button est activé, le moteur et la boîte de vitesses double embrayage réagissent encore plus directement pendant vingt secondes. En même temps, la boîte PDK rétrograde d'une vitesse et passe à une caractéristique avec des régimes plus élevés que dans le mode Sport Plus.
Les valeurs de puissance de la Porsche 718 T dénotent donc le même dynamisme. La sportive à moteur central et boîte de vitesses six rapports de seulement 1 350 kg passe de zéro à

100 km/h en 5,1 secondes grâce à un rapport poids-puissance de 4,5 kg/ch. Si on y ajoute la boîte de vitesses PDK en option (plus 30 kg), cette accélération standard ne dépasse pas 4,7 secondes. Avec les deux types de transmission, la vitesse de pointe est de 275 km/h. L'efficacité élevée du moteur turbo se traduit aussi par une consommation combinée standard de 8,1 à 8,2 litres aux 100 km pour des émissions de CO_2 comprises entre 186 et 187 g/km. Les versions à transmission PDK ne dépassent pas 7,9 litres aux 100 km. Toujours soucieux d'offrir des performances de premier plan tout en participant au respect de l'environnement, Porsche a hissé le moteur turbo des 718 T au meilleur niveau. Il est ainsi conforme à la norme antipollution Euro 6d Temp avec son filtre à particules Otto de série. Le système Stop and Start bénéficie de mesures d'optimisation. Le moteur coupe désormais dès le ralentissement.

HABITACLE SPORTIF

L'intérieur des 718 T adopte un traitement sportif et un équipement réduit, et inspiré de celui des versions GT3 de la 911. L'ouverture des portes repose désormais sur des sangles et les sièges enveloppants disposent de deux positions de réglage électrique. Ils sont drapés de tissus et intègrent un monogramme 718 brodé sur les appuie-tête. Pour compenser l'augmentation du poids due à l'intégration d'un filtre à particules imposé par les nouvelles normes de dépollution, la 718 T fait l'impasse sur le système d'informations PCM (Porsche Communication Management). Il peut toutefois être installé sur demande et sans supplément de prix. Le pack Sport Chrono fait partie de la dotation de série. Les sigles blancs "Boxster T" ou "Cayman T" ornent les cadrans noirs des instruments. Les caches décoratifs du tableau de commande et de la console centrale sont recouverts d'une peinture noire très brillante. Les seuils de portes arborent eux aussi les sigles "Boxster T" ou "Cayman T". En option, l'ambiance sportive peut être rehaussée par un pack 718 T se signalant par les surpiqûres de couleur contrastée pour les sièges, les poignées de portes et les accoudoirs, les panneaux de portes recouverts de cuir et la partie supérieure du panneau de commande. La couleur contrastée apparaît aussi sur les bandes centrales des sièges Sport Tex Stripe, les poignées de portes, les ceintures de sécurité et le sigle "718" brodé sur les appuie-tête.

Outre le châssis surbaissé, les versions 718 T du Boxster et du Cayman s'identifient aussi par les coques gris agate des rétroviseurs extérieurs ainsi que des bandes "718 Boxster T" ou "718 Cayman T" sur les bas de caisse. La poupe intègre des tuyères d'échappement doubles et centrales, brillantes et chromées noires, ainsi que de nouveaux feux à technologie en trois dimensions, situés à l'intérieur et visible à travers une vitre en verre transparent. La gamme des teintes de carrosserie est très étendue : noir, rouge indien, jaune racing et blanc dans la gamme standard, ou blanc Carrara, noir profond ou argent GT dans les coloris métalliques. Porsche propose également des coloris spéciaux, comme Lava Orange et Bleu Miami.

Présentée en première mondiale au Salon de Genève 2019, la 718 T représente une bonne affaire. Elle bénéficie d'un avantage financier de 5 à 10 % par rapport à un modèle de base comparable. La T intervient dans un contexte porteur. Les records sont faits pour être battus. L'année 2018 se termine sur des livraisons en hausse de 4 %, à 256 255 unités. La Chine continue de battre toutes les prévisions, enregistrant 80 108 ventes (plus 12 %). Malgré l'arrivée imminente de la nouvelle 911 (992), la génération 991 a encore assuré 35 573 ventes. De son côté, les 718 conservent leur cercle d'amateurs. La gamme des modèles à moteur central a représenté 24 750 unités. Ces excellents résultats ne peuvent occulter quelques déboires. Alors qu'elle connaît un grand succès en Chine où elle touche une clientèle plus jeune et à 60 % féminine, la famille 718 peine à s'imposer sur des

Comme sur les versions GTS, les portières du modèle Touring s'ouvrent à l'aide d'une lanière. (Archives Porsche AG)

LA 911 ENTRE DANS SA HUITIÈME VIE

Garante de l'âme et de l'esprit Porsche, la 911 franchit un nouveau cap avec la génération 992 lancée début 2019. Campée sur des roues de 20 pouces à l'avant et de 21 pouces à l'arrière, la 911 muscle ses hanches et adopte un pare-chocs arrière massif. La plateforme 80 % nouvelle ouvre l'accès aux nouvelles technologies. Cela lui permet de limiter la prise de poids à 50 kg en intégrant la réduction de 12 kg de la caisse grâce à l'emploi massif d'aluminium (près de 70 %). Sous le capot respire un six-cylindres 3 litres turbo de 385 ch et 450 ch. L'efficacité du comportement progresse, même sous la pluie où la 992 peut compter sur un mode spécial adaptant les organes du véhicule en conséquence.

(Photos Sylvain Reisser et Porsche AG)

L'un des premiers sketchs de style de la 718 Boxster Spyder. (Archives Porsche AG)

marchés matures comme les États-Unis. Un article du mensuel *Sport Auto* expliquait que les clients considèrent le passage au quatre-cylindres comme une régression. Le 718 n'a rien d'une Porsche au rabais ; ses performances sont les plus élevées du segment, mais les sensations y sont les plus filtrées. Les consommateurs lui reprochent le manque de noblesse du quatre-cylindres. Selon eux, une voiture de sport portant le badge Porsche se doit d'être animée par un six-cylindres. Alors que ce n'était pas prévu au début du programme 718, pour satisfaire les exigences de cette clientèle de Porschistes, le constructeur allemand prend la décision de développer une version exclusive équipée du flat-six.

LE RETOUR DU SIX-CYLINDRES ATMOSPHÉRIQUE

Fin juin 2019, Porsche ressuscite deux appellations qui ont fait les beaux jours des anciennes générations : le 718 Spyder et le 718 Cayman GT4. Ces deux modèles s'adressent à un public de passionnés provenant pour l'essentiel de marchés traditionnels comme l'Europe et les États-Unis. Cette clientèle n'a toujours pas digéré le passage au quatre-cylindres à plat.

L'introduction de ces véhicules hors norme apparaît comme un exploit dans un contexte de moins en moins favorable aux grosses cylindrées à l'aune de la réduction des émissions de CO_2 imposée par la Commission européenne et à quelques semaines d'une révolution culturelle avec la présentation du Taycan, son premier véhicule 100 % électrique. Porsche atteste ainsi qu'il n'a pas renoncé à exploiter les plus belles pages de son histoire. Les 718 Spyder et 718 Cayman GT4 incarnent vraiment l'esprit RS, ces machines à vocation sportive affirmée. Porsche ne craint plus de faire de l'ombre à la 911. Le Cayman a déplacé le curseur vers la sportivité alors que la sportive 2 + 2 a évolué vers le grand tourisme.

Sous le capot arrière, à la place du quatre-cylindres, les ingénieurs ont installé un flat-six atmosphérique de 4 litres de cylindrée dont la base est empruntée aux derniers blocs

Le programme de personnalisation permet au Cayman GT4 d'accueillir des baquets et des harnais de course. (Photo Greg)

turbocompressés de la 911. Par rapport à l'ancienne version du six-cylindres à plat de 3,8 litres de cylindrée, le 4-litres se signale par une augmentation de l'alésage et une diminution de la course. Ce moteur affiche une puissance de 420 ch à 7 600 tr/min et un régime maximal à 8 000 tr/min. Cela constitue un gain de 35 ch par rapport à l'ancienne GT4 et même de 45 ch par rapport au Spyder précédent. Le couple demeure inchangé à 420 Nm, mais il est désormais délivré entre 5 000 et 6 800 tr/min. L'admission variable et l'injection directe d'essence, la lubrification par carter sec, la commande des cylindres adaptative font partie de l'arsenal technologique. Cette mécanique douée pour les hauts régimes dispose pour la première fois d'injecteurs piézo-électriques, au profit d'une combustion optimale. Chez Porsche, la performance n'est pas incompatible avec le respect de l'environnement. Ce nouveau bloc 4 litres essence se dote d'un filtre à particules et d'une désactivation d'une rangée de cylindres lorsque le moteur fonctionne en charge partielle. C'est ainsi que la consommation normalisée ne dépasse pas 10,9 litres aux 100 km, ce qui représente des émissions de CO_2 de 249 g/km.

Bien que plus puissante que l'ancienne génération, cette nouvelle série n'est pas plus performante (elle demande

Le champion Walter Röhrl présente les nouveaux fleurons de la gamme à moteur central : les 718 Spyder et 718 Cayman GT4. Ces deux modèles renouent avec le flat-six atmosphérique, un 4-litres de 420 ch. (Archives Porsche AG)

Comme pour la génération précédente, le Cayman GT4 se décline en version Clubsport à moteur 3,8 litres de 425 ch et boîte PDK à 6 rapports. (Photo Greg)

4,4 secondes pour atteindre 100 km/h), mais elle dépasse les 300 km/h. Le Spyder est crédité de 301 km/h, le Cayman GT4 de 304 km/h. La série 718 s'est alourdie de 80 kg pour revendiquer une masse de 1 420 kg. Cela reste tout de même 30 kg de moins que la version GTS.

UNE BOÎTE MANUELLE À SIX VITESSES

Ce qui fait tout le sel de ces deux modèles exclusifs, c'est que ce moteur atmosphérique est exclusivement associé à une transmission manuelle à six rapports. Ces versions font le plein

LE SPYDER 550 RÉINTERPRÉTÉ

À travers l'étude Vision Spyder qui voit le jour en 2019, le bureau de style explore ce que pourrait être un spyder 550 au XXIe siècle. La face avant est verticale, la ceinture de caisse est haute, les porte-à-faux sont réduits, les fins optiques oblongs épousent les ailes, les passages de roue sont saillants, le pare-brise réduit à sa plus simple expression renvoie au spyder originel. Quant à l'arceau, sa forme ultramoderne représente une voie de recherche.

(Archives Porsche AG)

de sensations parce qu'en plus de renouer avec le plaisir de plus en plus rare de manier un levier de vitesses d'une petite impulsion du poignet et de s'adonner aux joies du talon-pointe (le système accueille aussi un double débrayage automatique), la sonorité du flat-six a été particulièrement soignée.

Le 718 Boxster Spyder apparaît comme une réminiscence du spyder de course 718 RS 60 du début des années 1960. Ce modèle se distingue du roadster standard par un couvercle de capote à double bossage et un bouclier avant largement échancré. Si son déverrouillage est électrique, la capote est manuelle. Avant emploi, son fonctionnement nécessite quelques explications et une démonstration. Un diffuseur arrière, un spoiler qui se déploie automatiquement à partir de 120 km/h et des jantes de 20 pouces spécifiques complètent l'équipement. De son côté, le Cayman GT4, considéré comme le modèle le plus sportif, a été développé pour s'offrir quelques excursions sur circuit. C'est ainsi que le panneau arrière est désormais surplombé d'un aileron fixe. Par rapport à l'ancienne version, il assure près de 20 % de déportance supplémentaire, ce qui correspond à un appui aérodynamique additionnel de 12 kg à 200 km/h. Par ailleurs, une lèvre aérodynamique ceinture le bouclier avant.

PORSCHE
718 Spyder
S GO 2300

Pour les amateurs de conduite cheveux au vent, le 718 Spyder ne connaît pas d'équivalent dans la gamme en matière de sensations. (Photo Porsche AG)

L'INFLUENCE DE LA COMPÉTITION

Les liaisons au sol ont été entièrement revues pour s'adapter à la hausse des performances. Les essieux à jambes de force sont allégés, le châssis est surbaissé de 30 mm, l'amortissement a été raffermi et les trains roulants reposent en grande partie sur des rotules. Le système PASM fait partie de la dotation standard, comme le PSM et le système de répartition du couple PTV couplé au différentiel arrière. Le Cayman GT4 va plus loin : la hauteur de caisse, le carrossage et la voie se règlent en fonction des besoins, tout comme les barres stabilisatrices. Un pack Clubsport est aussi disponible en supplément. Il comprend l'arceau de sécurité, un extincteur et des harnais de sécurité à six points pour le conducteur.

L'ambiance intérieure est éminemment sportive et Porsche a tenu compte des critiques passées en dotant son véhicule de nombreux équipements de confort. Les puristes peuvent cependant commander ces modèles sans le système multimédia. Quelle que soit la déclinaison, les sièges mixent le cuir noir et la maille textile Race-Tex. Le catalogue offre le choix entre plusieurs types de sièges : le modèle Sport Plus comprenant un maintien latéral, le dossier et la hauteur à réglage électrique et la longueur d'assise à ajustage manuel ; le modèle Sport Plus adaptatif dotés de dix-huit réglages électriques pour un ajustement optimal de la hauteur de siège, de l'inclinaison de l'assise et du dossier, de la profondeur d'assise, de l'avancée du siège et du soutien lombaire à quatre positions en fonction de la morphologie. Les bandes latérales des assises et des dossiers sont également réglables en fonction des besoins. Enfin, les 718 Boxster Spyder et 718 Cayman GT4 peuvent recevoir des baquets intégraux. Ils sont constitués d'une coque en matière plastique renforcée en fibres de carbone avec finition carbone apparent. Le réglage en hauteur est électrique, celui de l'avancée de siège manuel. En puisant dans le catalogue de personnalisation Porsche Exclusive Manufaktur, il est possible de configurer une voiture vraiment unique.

Le bureau de style a aussi concocté un pack intérieur Spyder Classic combinant un habitacle bicolore bordeaux et noir avec une capote bordeaux et des baguettes décoratives

Avec sa boîte manuelle à six vitesses autorisant un double-débrayage automatique et sa sonorité soignée, le 718 Cayman GT4 réserve des sensations de conduite proches d'une voiture de course. (Photo Greg)

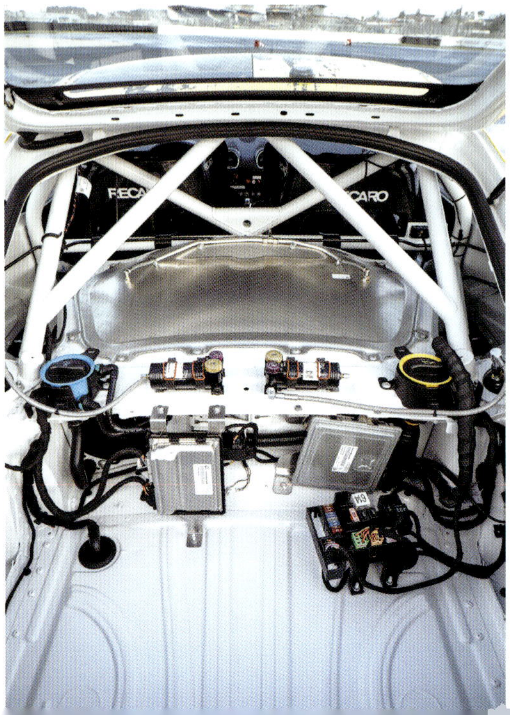

La version 718 Cayman GT4 Clubsport se décline en deux versions : Trackday et Compétition. Allégés, ces modèles reçoivent de nombreux éléments en matériaux composites. (Photo Greg)

UNE ÉDITION SPÉCIALE DU GT4 POUR L'ALLEMAGNE

Le 12 octobre 2019, pour célébrer à la fois l'ouverture du Porsche Experience Center implanté sur le circuit d'Hockenheim et l'épreuve finale de la série allemande Porsche Sports Cup, le constructeur commercialise une série limitée Sports Cup Edition développée à partir du 718 Cayman GT4 de 420 ch. Tous identiques, ces coupés très particuliers ont été imaginés par le bureau de style, en coopération avec le département Porsche Exclusiv Manufaktur en charge de la personnalisation. Cette série limitée est réservée au marché allemand.

(Archives Porsche AG)

argent métallisée. Ce mariage de coloris rappelle de manière élégante les modèles de course des *fifties* et des *sixties*.

Par rapport aux modèles précédents, les ingénieurs ont surtout mis l'accent sur le comportement. Un chiffre résume parfaitement les progrès accomplis. Sur la boucle nord du Nürburgring, le 718 Cayman GT4 a gagné dix secondes par rapport à l'ancienne génération. Un chrono qui doit beaucoup à ses pneumatiques Michelin Sport Cup 2.

Autre nouveauté d'importance, ces modèles six cylindres sont intégrés à la gamme et ne font plus l'objet d'une production limitée. Contrairement à la gamme de série, le Cayman GT4 est cette fois un peu plus cher que la version décapotable, le Boxster Spyder. Ces deux versions exclusives entretiennent l'attractivité de la famille de modèles à moteur central. Sur l'année 2019, la demande se montre d'une grande stabilité. Ce millésime se clôture sur un nouveau record de ventes : 280 800 unités ! En 2019, grâce à la généralisation des versions hybrides rechargeables sur le Cayenne et la Panamera, Porsche annonce avoir réduit ses émissions de CO_2 de 75 % depuis 2014.

Depuis la rentrée de septembre 2020, les 718 Boxster Spyder et 718 Cayman GT4 peuvent être commandés avec la boîte automatique à double embrayage à rapports PDK (2 850 euros en France). Dans ce cas, le couple progresse de 10 Nm (430 Nm) et ils atteignent 100 km/h en 3,9 secondes et 200 km/h en 13,4 secondes.

GTS MAIS 4 LITRES

En parallèle, alors que la crise du Covid-19, qui a mis les économies du monde entier à l'arrêt, continue de sévir, Porsche annonce une nouvelle version GTS. Dénommés 718 Boxster GTS 4.0 et 718 Cayman GTS 4.0, ces deux modèles abandonnent le quatre-cylindres au profit du six-cylindres à plat atmosphérique de 4 litres de cylindrée du Boxster Spyder et du Cayman GT4. La hiérarchie est respectée et, par rapport à ces derniers, les GTS 4.0 voient leur puissance réduite à 400 ch à 7 000 tr/min. Le couple reste inchangé : 420 Nm avec la boîte manuelle et 430 Nm avec la transmission PDK. Le moteur conserve l'ensemble des technologies du moteur de 420 ch, à savoir la désactivation de deux cylindres à allure stabilisée, l'injection directe d'essence équipée d'injecteurs piézo-électriques et l'admission variable. Les performances sont logiquement en retrait par rapport à la version la plus puissante. Les 718 GTS 4.0 accélèrent de 0 à 100 km/h en 4,5 secondes avec la boîte manuelle, 4,1 secondes avec le système PDK. Le cap des 200 km/h est atteint en 13,7 secondes avec la transmission à double embrayage. La vitesse de pointe est fixée à 293 km/h. Dans le domaine des liaisons au sol, la version GTS 4.0 fait le plein d'équipements : suspension pilotée PASM, jantes de 20 pouces (235/35 ZR 20 à l'avant et 265/35 ZR 20 à l'arrière) et Porsche Torque Vectoring (PTV) avec différentiel à glissement limité à l'arrière. Par rapport à la version 420 ch, le châssis n'est surbaissé que de 20 mm, comme sur l'ancien GTS. Le PASM Sport proposé en option permet cependant de surbaisser encore le châssis de 10 mm. L'habitacle fait la part belle à la suédine qui recouvre la bande centrale des sièges, la jante du volant, la console centrale, le levier de vitesses et les accoudoirs de portières. Dans la Cayman GT4, la suédine recouvre aussi les montants de pare-brise et le ciel de pavillon. Les décors ainsi que la garniture de la console centrale sont en carbone. La dotation de série des deux versions GTS 4.0 comprend également en équipement standard le pack Sport Chrono et l'application Porsche Track Precision qui permet d'enregistrer ses performances lors d'excursions sur circuit. Le système de freinage à disques carbone-céramique (PCCB) figure toujours au catalogue des options. Les deux GTS 4.0 adoptent des éléments assombris pour les prises d'air des boucliers et le fond des optiques, ainsi que des étriers de freins rouges. Moins exclusifs que le Boxster Spyder et le Cayman GT4, les 718 GTS 4.0 sont aussi près de 20 % moins chers.

TAYCAN, LA PREMIÈRE PORSCHE ÉLECTRIQUE

En septembre 2019, la firme allemande ouvre un nouveau chapitre de son histoire en se lançant sur le marché de l'électrique avec le Taycan. Si le gabarit et l'architecture de berline renvoient à la Panamera, les rondeurs évoquent la 911. Le bandeau lumineux horizontal et les hanches galbées singent la sportive de Porsche. Le premier modèle électrique de Porsche affiche une sacrée prestance sur la route. Même avec l'électricité, Porsche reste fidèle à son histoire, livrant une berline qui affiche des prestations de GT. La version Turbo S, dont les deux machines avouent 761 ch, propulsent les occupants à 100 km/h en 2,8 secondes. Les reprises défient le sens commun : 1,7 seconde pour passer de 80 à 120 km/h. Et le comportement est presque aussi dynamique que celui d'une 911, grâce au centre de gravité très bas.

(Photo TIBO)

L'habitacle des GTS 4.0 à moteur flat-six est proche de celui d'une GTS. (Photo Greg)

Associé à la version GTS, le suffixe 4.0 change tout. Le quatre-cylindres est remplacé par le flat-six 4 litres atmosphérique de 400 ch. Apparues fin 2019, ces versions sont disponibles avec le roadster et le coupé. (Photo Greg)

Le Boxster Edition 25 ans a été développé à partir du 718 Boxster GTS 4.0. (Photo Porsche AG)

UN BOXSTER ANNIVERSAIRE

Le 13 janvier 2021, la nouvelle tombe alors que Porsche vient de présenter des résultats solides malgré la crise du Covid-19 et la situation économique mondiale difficile. La firme allemande a réussi à vendre un peu plus de 270 000 unités, soit une baisse d'à peine 3 %. Le constructeur annonce la commercialisation d'une version hors série du 718 Boxster, éditée en série limitée à 1 250 exemplaires. Baptisé "Edition 25 ans", ce Boxster célèbre l'apparition du Boxster sur le marché en 1996. Développé à partir de la version 718 GTS 4.0 à moteur six cylindres 4 litres atmosphérique de 400 ch, ce modèle collector emprunte de nombreux éléments stylistiques à l'étude de style Boxster dévoilée à Detroit en 1993. C'est ainsi que la nouvelle édition spéciale se présente dans la teinte argent GT contrastant avec des éléments réinterprétant la couleur Néodyme du concept, un brun légèrement cuivré. Le bouclier avant, les entrées d'air à simple lame, les monogrammes et les jantes en alliage léger bicolores de 20 pouces adoptent la teinte spéciale. Pour satisfaire de nombreuses exigences, le Boxster Edition 25 ans est également disponible en noir Intense métallisé et Blanc Carrara métallisé. Autre spécificité marquante : le bouchon du réservoir est orné du monogramme Porsche issu du catalogue Exclusive Manufaktur et arbore une finition aluminium brillante, à l'instar des sorties du système d'échappement sport. L'encadrement du pare-brise bénéficie quant à lui d'une teinte contrastante en noir.

Pour célébrer les vingt-cinq ans du Boxster, Porsche commercialise début 2021 une version exclusive empruntant ses principaux éléments de style au concept de 1993. (Archives Porsche AG)

Comme le concept de 1993, l'édition anniversaire reçoit une sellerie intégrale rouge bordeaux et une capote coordonnée en tissu rouge foncé. (Photo Porsche AG)

Le 718 Boxster Edition 25 ans est produit en série limitée à seulement 1 250 unités. (Photo Porsche AG)

INTÉRIEUR ROUGE FONCÉ

Comme le concept de 1993, l'édition anniversaire reçoit une sellerie rouge bordeaux et une capote coordonnée en tissu rouge foncé. La capote est ornée d'un monogramme embossé "Boxster 25". L'intérieur et la capote sont également proposés en noir. En outre, la dotation de série enrichie du nouveau modèle comprend notamment un décor en aluminium, des sièges sport à réglage électrique à quatorze positions, des baguettes de seuil de porte ornées du monogramme "Boxster 25" ou encore un volant sport GT chauffant multifonction en cuir. Les deux modèles de transmission figurent au catalogue : manuelle à six rapports ou automatique double embrayage à sept rapports. La dotation de série comprend également le châssis surbaissé de 10 mm associé à la

Le bouchon du réservoir est orné du monogramme Porsche issu du catalogue Exclusive Manufaktur. (Photo Porsche AG)

suspension pilotée Porsche Active Suspension Management (PASM) et le système de contrôle vectoriel du couple Porsche Torque Vectoring (PTV) avec différentiel arrière à glissement limité mécanique. Les performances et les sensations de conduite sont identiques à celles du 718 Boxster GTS 4.0.
En France, les livraisons ont débuté au printemps 2021 à un tarif supérieur de 9 000 euros (96 326 euros) à la version dont dérive l'Edition 25 ans. Les 718 Boxster GTS 4.0 et Cayman GTS 4.0 sont facturés respectivement 87 273 euros et 85 233 euros.

L'AVENIR À L'ÉLECTRIQUE

Si l'on se réfère à son histoire, le Boxster a changé de génération en moyenne tous les six ans. Le modèle actuel 718 lancé en 2016 est donc dans la dernière partie de sa carrière. Que va décider Porsche pour la prochaine génération ? À la vue de ses ventes en baisse, seulement 26847 unités en fin d'année 2020, Porsche a décidé de revoir le positionnement de la famille 718.
Dans le même temps, la crise sanitaire a montré la pertinence du système de gestion des coûts et du partage d'un maximum d'éléments avec la 911 notamment. Ces axes vont être renforcés pour maintenir la rentabilité de l'entreprise à son meilleur niveau. Porsche n'a pas envie de revivre une crise comme celle qu'il a connue au début des années 1990. La prochaine génération des modèles à moteur central devra s'inscrire dans l'ambitieux programme de rentabilité Profitability Programme 2025, qui vise un nouvel objectif : améliorer le résultat de 10 milliards d'euros en cumul d'ici 2025 puis de 3 milliards par an après cette période. Ce résultat doit permettre de maintenir les effectifs à quelque trente-six mille salariés et de financer les investissements dans l'électromobilité.

Oliver Blume, président du directoire de Porsche AG, et Lutz Meschke, directeur financier et membre du comité de direction de Porsche, lors de la présentation des résultats de l'exercice 2021 et de la feuille de route de 2030. (Archives Porsche AG)

En corollaire, Porsche a lancé un programme global visant à réduire son empreinte carbone de manière drastique pour présenter un bilan carbone neutre en 2030. C'est ainsi que Porsche mène plusieurs programmes de front : d'une part, la réduction de l'empreinte carbone des moteurs thermiques et, d'autre part, l'électrification à marche forcée d'une grande partie de son offre.

L'ALTERNATIVE DES CARBURANTS DE SYNTHÈSE

Sur le premier point, Porsche fonde beaucoup d'espoirs sur les carburants de synthèse. La réduction de leur empreinte carbone repose sur une production renouvelable, le CO_2 étant prélevé dans l'atmosphère. Porsche mène actuellement un projet en ce sens avec Siemens Energy pour produire 550 millions de litres de eFuel d'ici 2026 dans le cadre du projet pilote Hary Oni. Installé au Chili pour profiter d'une forte capacité d'énergie éolienne, le centre produit de l'hydrogène par électrolyse. Il est transformé sur place par réaction catalytique avec du CO_2 prélevé dans l'atmosphère pour obtenir du méthanol, un alcool liquide facilement transformable. Les premières applications sont prévues en compétition, puis, lorsque la réglementation aura évolué favorablement, pour des modèles de production courante. Une solution performante, car elle a le mérite de s'appliquer au parc automobile roulant et donc de permettre une baisse immédiate et significative des émissions de CO_2.

Sur le second point, la firme de Zuffenhausen va étendre l'électrification de sa gamme. En 2025, la moitié de ses véhicules vendus seront équipés d'un moteur électrique. Et, en 2030, plus de 80 % de ses ventes seront réalisées par des modèles 100 % électriques.

Cette feuille de route a été précisée le 18 mars 2022, lors de la présentation des résultats 2021. À cette occasion, Oliver Blume, le président de Porsche, a présenté un résultat record. Pour la première fois de son histoire, la marque allemande a dépassé le cap des trois cent mille véhicules livrés, à 301 915 unités. La Chine reste son premier marché avec 96 000 véhicules, soit une hausse de 8 % par rapport à 2020. Le nombre de livraisons a augmenté de 22 % aux États-Unis, dépassant ainsi la barre des soixante-dix mille unités. Dans ce contexte, le Macan reste le modèle le plus vendu de la gamme avec 88 362 unités, devant le Cayenne (83 071 unités). Surprise, la gamme Taycan avec 41 296 unités supplante la gamme 911 avec 38 464 exemplaires. Comme en 2020, la gamme 718 a séduit moins de

Le site de production du carburant de synthèse eFuel dans lequel Porsche a investi au Chili. (Archives Porsche AG)

trente mille amateurs à travers le monde. Lors de la conférence de presse, Oliver Blume a officialisé l'arrivée, à l'horizon 2025, d'une nouvelle génération exclusivement électrique des sportives 718. L'évolution du marché a ainsi convaincu Porsche de convertir cette famille de véhicules à la chaîne de traction 100 % électrique. De toute façon, leur architecture trop exiguë ne permet pas de s'orienter vers l'hybridation et les gains en matière de CO_2 ne seraient pas satisfaisants.

Sans tarder, le constructeur allemand a pris la décision de prolonger la génération actuelle jusqu'à l'arrivée des modèles 100 % électriques, tout en prenant un certain nombre d'initiatives tant pour lever un coin de voile sur le futur que pour animer la gamme existante.

PORSCHE 911 GT3, UNE ENFANT DE LA COURSE

Comme le veut la tradition, la 911 génération 992 se décline en version GT3 au printemps 2021. Carrosserie élargie logeant d'énormes roues de 21 pouces, ouïes dans le capot avant, énorme aileron arrière à fixation en col de cygne, diffuseur arrière aérodynamique : la quatrième GT3 paraît être une RSR civilisée. C'est si vrai que le châssis profite aussi des enseignements de la compétition et de l'expertise du département Motorsport. Le train avant accueille l'essieu avant à double bras transversal de la RSR du Mans ainsi que des roues arrière directrices. Avec ses éléments de carrosserie en PRFC, la GT3 ne pèse que 5 kg de plus que le modèle précédent malgré des roues plus grandes et une coque élargie. Fidèle au flat-six atmosphérique, la GT3 accueille la dernière évolution de 510 ch. Cette mécanique peut être associée au choix avec la boîte PDK à sept rapports ou la boîte manuelle à six vitesses. La GT3 se décline en version Touring qui se signale par l'absence d'aileron arrière.

(Archives Porsche AG)

Les premiers sketchs de style du prototype Mission R dévoilé au Salon de Munich IAA en septembre 2021. (Archives Porsche AG)

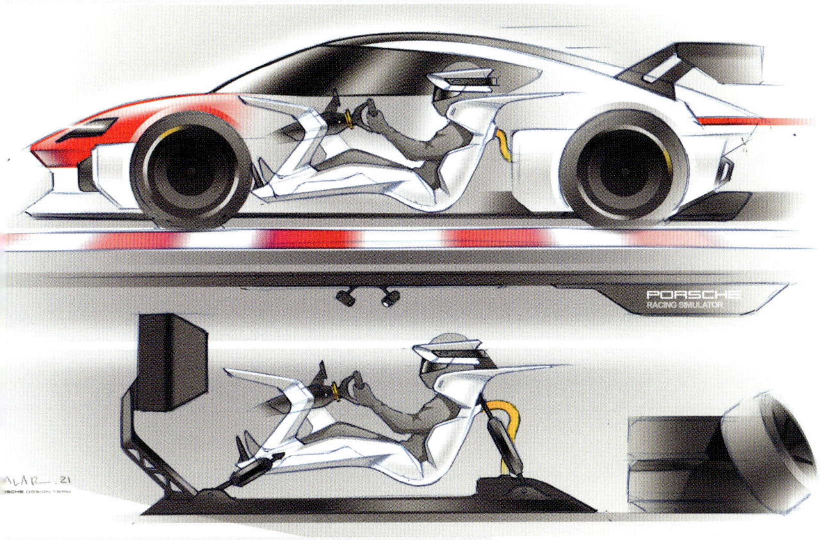

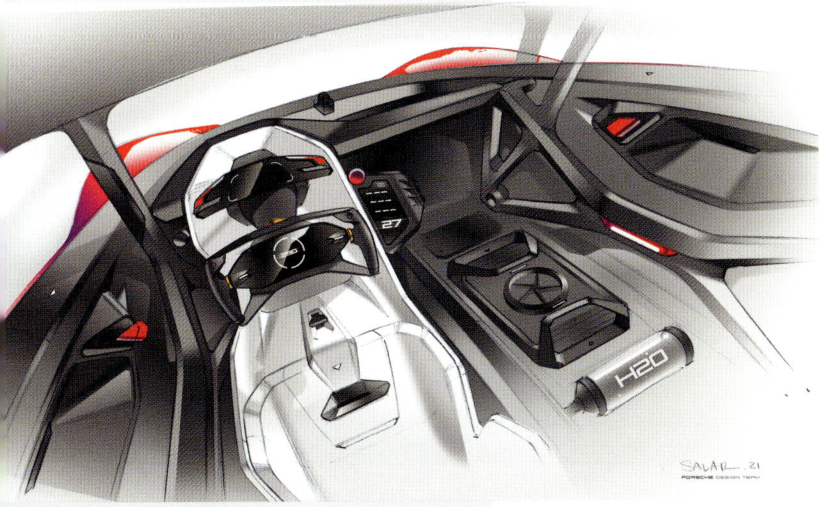

Le fraisage de la maquette à l'échelle 1 du concept Mission R dans le bureau de style de Porsche. (Archives Porsche AG)

PORSCHE EN MISSION

Alors que le monde entier retrouve un semblant de vie normale depuis que des vaccins permettent de juguler l'épidémie du Covid-19, l'industrie automobile renoue avec les Salons automobiles. En Europe, l'Allemagne ouvre le bal le 8 septembre 2021. Le premier IAA (Internationale Automobil-Ausstellung) de l'après-Covid a quitté Francfort pour les faubourgs de Munich. Délaissé par nombre d'acteurs étrangers, le Salon bavarois donnera certes l'impression d'être à la gloire de l'industrie allemande, mais l'essai mérite d'être transformé. La plupart des acteurs du secteur estiment que ces manifestations jouent, plus que jamais, un rôle essentiel face à des consommateurs déboussolés par l'évolution de la réglementation. Sans que l'on en comprenne vraiment tous les ressorts, la crise sanitaire a accéléré la transition écologique. L'Europe a durci la trajectoire de réduction des émissions de CO_2 afin de respecter l'engagement de parvenir à la neutralité carbone en 2050. C'est ainsi que les rejets doivent être abaissés de 55 % en 2030, au lieu de 37,5 % précédemment. Le 14 juillet 2021, la Commission européenne s'est également prononcée en faveur de l'interdiction de la vente de véhicules à moteur thermique (y compris les hybrides) à partir de 2035. Ce projet doit désormais être ratifié par le Parlement européen. Sans attendre ces annonces lourdes de conséquences, les constructeurs se sont lancés, les uns après les autres, dans une course de vitesse à la voiture zéro émission. Porsche saisit l'occasion de la manifestation bavaroise pour dévoiler ses intentions en la matière. Sachant que, chez le constructeur allemand, les études ne sont jamais gratuites, le concept Mission R préfigure clairement, sous une enveloppe de voiture de course, le style et les proportions de la prochaine

génération électrique de la famille 718. Alors que sa longueur de 4 326 mm est proche de celle des modèles actuels, sa largeur (1 990 mm) et sa hauteur (1 190 mm) la rapprochent plutôt d'une supercar. Ses formes ramassées représentent une heureuse évolution du design de la marque. Son agressivité est renforcée par les dispositifs aérodynamiques, les prises d'air hypertrophiées et la décoration typiques d'une machine de compétition. Dans une logique de sobriété et de développement durable, la carrosserie est composée principalement de matériau composite renforcé de fibres de carbone (PRFN). Ces fibres naturelles proviennent de lin issu de l'agriculture. Les ingénieurs du bureau d'études de Weissach ont recouru à ce matériau recyclé pour réaliser la lèvre aérodynamique du spoiler avant, le diffuseur et les jupes latérales. À l'intérieur, les panneaux de portes, la cloison arrière et le siège du pilote sont également réalisés avec ce matériau composite. C'est le cas encore de la structure monocoque qui compose ce prototype.

UN LABORATOIRE DE TECHNOLOGIES

Sous sa peau légère, la Mission R fait figure de laboratoire de technologies. Elle inaugure une nouvelle implantation du système électrique en vue de préserver une répartition des masses idéale, gage de dynamisme. L'architecture dite e-Core repose sur une implantation particulière des batteries. Provenant de la nouvelle société Cellforce Group GmbH, dans laquelle Porsche a investi plusieurs dizaines de millions d'euros pour produire à terme autour de mille voitures de course et à haute performance électriques par an, ces accumulateurs étrennent une nouvelle chimie de cellules. Elle repose sur le silicium comme matériau d'anode, ce qui permet d'augmenter considérablement la densité énergétique par rapport aux batteries actuelles. Non contente d'être plus compacte, la batterie peut aussi absorber plus d'énergie lors des phases de récupération. La recharge rapide gagne en efficacité. Enfin,

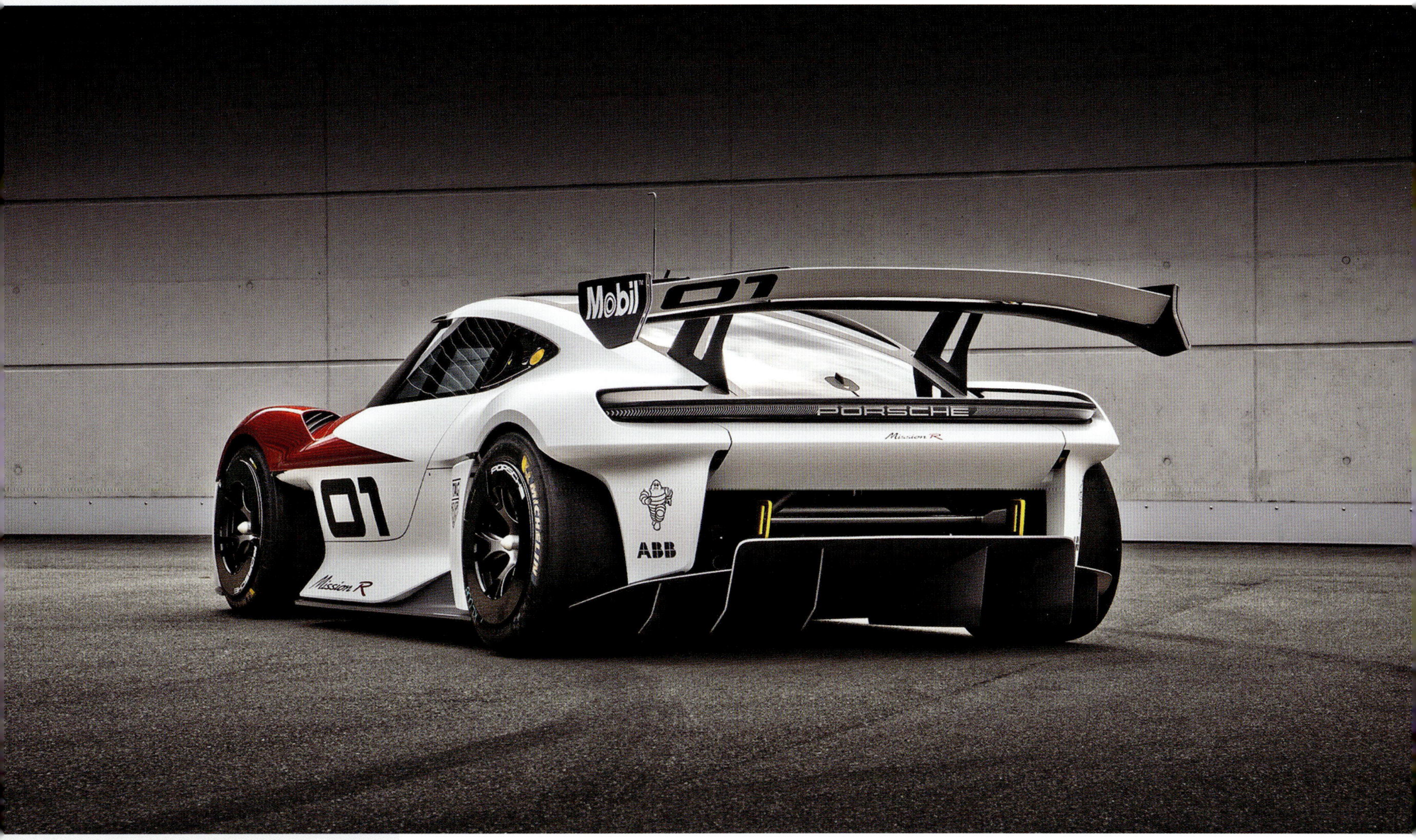

Sous sa silhouette de voiture de course, le concept Mission R prépare les esprits au style de la prochaine génération de la 718 à moteur électrique et sert de laboratoire à une probable évolution de la série Carrera Cup vers l'électromobilité. (Archives Porsche AG)

la technologie utilisée supporte plus facilement des températures élevées. Partenaire dans le développement de la nouvelle génération de batterie lithium-ion, l'équipementier BASF est le fournisseur exclusif des matériaux des cathodes HEDTM nickel-manganèse-cobalt (NMC). La production a débuté en 2022 dans l'usine de Schwarzheide, dans le Land de Brandebourg. Elle assure également le recyclage des déchets de production de l'usine de batteries de Cellforce Group.

Porsche s'est aussi appuyé sur l'expérience acquise avec la 911 GT3 R Hybrid, la supercar 918 Spyder et le prototype 919 Hybrid des 24 Heures du Mans, mais également avec ses monoplaces électriques participant au championnat international de Formula E, pour développer la Mission R. Outre le fait d'annoncer le style de la prochaine génération des 718 électriques, le concept du Salon de Munich nourrit une réflexion autour de l'avenir des modèles compétition client destinés aux formules monotypes. La Mission R pourrait ainsi représenter l'évolution de la Porsche Carrera Cup. En un peu plus de trente ans, Porsche a produit et livré plus de quatre mille quatre cents modèles de type Carrera Cup.

Loin de camper sur ses positions, le sport automobile va contribuer à la transition écologique en s'engageant dans la voie de l'électrification. Le mouvement entamé depuis quelques années se poursuit et se propage progressivement à l'ensemble des disciplines du sport automobile.

PLUS DE 1 000 CHEVAUX

La capacité de batterie avoisine 80kWh. Elle alimente deux moteurs électriques, un par essieu, faisant de ce modèle de compétition une quatre roues motrices. Avec le mode Course, la Mission R revendique une puissance de 500 kW (680 ch). En qualification, elle est relevée pour atteindre 1 088 ch. Du jamais-vu sur une voiture de cette catégorie. Le moteur placé dans l'essieu avant peut délivrer jusqu'à 320 kW (435 ch) ; celui de l'arrière jusqu'à 480 kW (653 ch). Les performances défient le sens commun. La vitesse de pointe dépasse 300 km/h tandis que les 100 km/h sont atteints en 2,5 secondes. Selon les simulations du constructeur, la Mission R assure des performances au tour équivalentes à l'actuelle 911 GT3 Cup. Les dispositifs aérodynamiques actifs, notamment les volets modulables dans les entrées d'air latérales, mais aussi l'aileron arrière à volet réglable, participent à l'efficacité en courbe de l'étude électrique. On peut y ajouter l'installation du pilote au centre de la voiture. Son confort de pilotage repose sur une ergonomie remarquable. Un moniteur, situé au-dessus de la colonne de direction et affichant les informations essentielles, se double d'un écran tactile implanté à la droite du siège et permettant de consulter les données biométriques du pilote.

Grâce à son alimentation de 900 volts et au système Porsche Turbo Charging, la Mission R n'a pas besoin de plus de quinze minutes d'arrêt au stand pour recharger la batterie de 5 à 80 %. La puissance de charge maximale peut atteindre 340 kW.

UN CAYMAN À PARTICULE

Alors que l'on entame le dernier trimestre 2021, Porsche met la planète des passionnés de la marque allemande et de voitures de sport en émoi. L'objet des convoitises : l'annonce de la commercialisation d'une déclinaison très sportive du Cayman GT4. Tellement sportive qu'elle a généré l'emploi de la particule RS pour RennSport, une première dans l'histoire des sportives à moteur central. Le 20 octobre 2021, la nouvelle arme de Zuffenhausen avance encore légèrement camouflée, mais on sait déjà qu'elle dispose d'un potentiel incroyable sur circuit et sur les routes sinueuses.

À son volant, le pilote de développement Jörg Bergmeister a pulvérisé le chrono du 718 Cayman GT4 sur la boucle nord du Nürburgring. Sur l'ancien tracé de 20,6 km qui servait d'étalon, le 718 Cayman GT4 RS a bouclé un tour en 7 minutes 4 secondes et 511 millièmes, ce qui représente un gain

Comme toutes les voitures de course, la Mission R adopte un habitacle dépouillé et les équipements dédiés au pilotage. (Archives Porsche AG)

Fin octobre 2021, Porsche lève un coin de voile sur le 718 Cayman GT4 RS, le plus performant des modèles de la famille 718. Lors de la dernière phase de tests, ce nouveau modèle a enregistré un nouveau record sur la boucle nord du Nürburgring. Andreas Preuninger, responsable des modèles GT, félicite le pilote Jörg Bergmeister. (Archives Porsche AG)

de 23,6 secondes. Sur le tracé de 20,832 km, le pilote maison a réalisé un chrono de 7 minutes 9 secondes et 300 millièmes. Pour réaliser cette performance, le nouveau coupé de la famille RS était équipé de pneumatiques Michelin Pilot Sport Cup 2R et d'un baquet de course. À la descente de la voiture, les commentaires du pilote ne pouvaient être plus explicites: "Le 718 Cayman GT4 RS est un modèle sans concession. Il allie une maniabilité digne d'un kart sur les routes de montagne à une formidable stabilité sur circuit, des qualités indispensables pour pouvoir réaliser un tel temps au tour."

Il faut attendre le 17 novembre et la veille de l'ouverture du Salon de Los Angeles pour découvrir la version définitive du 718 Cayman GT4 RS. Ce véhicule qui occupe la vedette du stand Porsche, à côté de la Mission R, a été développé à partir du 718 Cayman GT4. D'emblée, Detlev von Platen, membre du comité de direction et directeur des ventes et du marketing, prévient que ce coupé "est très spécial". Il s'agit du modèle de série le plus dynamique jamais produit dans la gamme des véhicules à moteur central.

Les essais internationaux du 718 Cayman GT4 RS ont eu lieu sur le circuit d'Estoril. Les modèles avec le capot avant noir en fibres de carbone bénéficient du pack Weissach. (Archives Porsche AG)

LA CHASSE AUX KILOS SUPERFLUS

Comme tous les modèles RS qui ont jalonné l'histoire de la firme de Zuffenhausen, le 718 Cayman GT4 RS reste fidèle à une recette qui combine une conception allégée, une aérodynamique héritée de la compétition et une augmentation de la puissance.

Sur le premier point, les ingénieurs allemands se sont inspirés de l'expérience de la compétition pour réduire le poids de 35 kg par rapport au 718 Cayman GT4. Ce gain est obtenu en adoptant un capot et des ailes avant en plastique renforcé de fibres de carbone (PRFC). De même, la lunette arrière est réalisée en verre allégé et les garnitures d'isolation et les tapis de sol sont en feutrine légère. À l'instar de la 911 GT3 RS, les garnitures de portes sont allégées et le mécanisme classique d'ouverture des portes a cédé la place à des lanières en textile. L'installation de filets en guise de vide-poches témoigne d'une chasse aux grammes superflus. À l'arrivée, le 718 Cayman GT4 RS revendique une masse de 1 415 kg avec le réservoir plein, mais sans conducteur.

Sur le plan du style, le nouveau fleuron de la gamme 718 ne passe pas inaperçu. Le 718 Cayman GT4 RS puise ses références et sa technologie auprès de l'univers de la compétition. La recherche de l'efficacité a dicté l'intégration de dispositifs aérodynamiques. Le soubassement est entièrement caréné. Le bouclier avant s'enrichit d'une lèvre aérodynamique dotée d'ailettes dites *sideblades*, destinée à améliorer l'écoulement de l'air, de prises d'air surdimensionnées dans le bouclier et d'ouïes au sommet des ailes avant. À l'arrière, le capot est surmonté d'un aileron réglable sur trois positions, à fixation en col de cygne et support en aluminium semblable à celui qui équipe la 911 RSR de course. Le bouclier intègre un diffuseur participant à l'écoulement de l'air.

Autre particularité du modèle: les vitres de custode accueillent des entrées d'air d'admission qui améliorent le flux d'admission et contribuent à diffuser la sonorité dans l'habitacle. Avec une garde au sol abaissée de 30 mm par

Très impressionnant vu de l'arrière, le 718 Cayman GT4 RS adopte un aileron arrière réglable intégrant deux fixations en forme de col de cygne. (Archives Porsche AG)

Comme pour tous les modèles très sportifs de Porsche, les portes s'ouvrent à l'aide de sangles en tissu. (Archives Porsche AG)

rapport au 718 Cayman, ce nouveau modèle RS assure une déportance accrue de 25 % par rapport au 718 Cayman GT4.

UN FLAT-SIX ATMOSPHÉRIQUE

Visible à travers la lunette arrière et placé en position centrale, le cœur de ce coupé diabolique n'est autre que le flat-six atmosphérique qui équipe déjà la 911 GT3 de série et la 911 GT3 Cup. D'une cylindrée de 4 litres et doté de six papillons de gaz individuels, il affiche une puissance de 500 ch à 8 400 tr/min et un couple de 450 N.m à 6 750 tr/min. Par rapport au 718 Cayman GT4, cela représente une augmentation respectivement de 80 ch et de 20 N.m. Le régime de rotation du moteur a aussi gagné 1 000 tr/min pour atteindre jusqu'à 9 000 tr/min. C'est ainsi que le rapport poids-puissance ressort à 2,83 kg/ch. L'intégration de ce six-cylindres à plat a nécessité

Parmi les spécificités du GT4 RS, il faut noter les entrées d'air d'admission au niveau des vitres de custode et les barres anti-rapprochement dans le compartiment moteur. (Archives Porsche AG)

le développement d'une lubrification à carter sec spécifique avec réservoir d'huile moteur séparé et d'un refroidissement repensé. Le réservoir d'essence contient 54 litres, mais, pour augmenter l'autonomie de manière substantielle, Porsche préconise le modèle de 90 litres disponible en option.

Le 718 Cayman GT4 RS est disponible exclusivement avec la boîte PDK à double embrayage à sept rapports. Elle peut être pilotée depuis un nouveau levier ou depuis les palettes au volant. L'étagement a été resserré au profit des performances. Les 100 km/h sont atteints en 3,4 secondes et la vitesse de pointe est fixée à 315 km/h.

DES TRAINS ROULANTS TYPÉS COURSE

Les ingénieurs ont entièrement revu les trains roulants en vue d'améliorer l'efficacité dans toutes les situations et de s'adapter à la hausse des performances. Leur conception s'inspire largement de la compétition. Les jantes en aluminium forgé peintes en argent foncé sont à écrou central. Elles chaussent des pneumatiques de 245/35 ZR 20 à l'avant et de 295/30 ZR 20 à l'arrière. Cet équipement s'adapte à l'élargissement des voies : de 6 mm à l'avant et de 8 mm à l'arrière. Les pneumatiques Michelin Sport Cup 2 R peuvent être commandés en option. Moyennant un supplément, des jantes en magnésium permettent de gagner 10kg. Réglable sur deux modes, Normal et Sport, le châssis bénéficie d'un grand nombre d'aménagements. Les liaisons des trains roulants sont désormais à rotules métalliques, au lieu de silentblocs en caoutchouc. La raideur des ressorts a été multipliée par deux à l'avant et augmenté de 80 % à l'arrière. Quant aux barres stabilisatrices, elles ont fait l'objet d'un ajustement. Intégrant l'ABS, le système de freinage, l'une des principales qualités des Porsche, repose sur des étriers fixes monoblocs en aluminium à six pistons à l'avant et quatre à l'arrière. Ils pincent des disques ventilés et perforés de 408mm de diamètre à l'avant, de 380 mm à l'arrière. Les étriers sont peints en rouge. Ce dispositif s'accompagne d'un témoin d'usure des plaquettes de freins. Des disques en carbone-céramique peuvent être montés en option.

AMBIANCE SPORTIVE

L'habitacle respecte l'esprit RS, accueillant un volant RS de 360 mm de diamètre en suédine avec marquage à midi en jaune, des sièges baquets intégraux en fibres de carbone ou Sport Plus à réglage électrique (dix-huit positions), un pédalier et des repose-pieds en aluminium. En France, le prix de base est fixé à 144 485 euros lors de sa commercialisation en novembre 2021. Les premières livraisons ont débuté au deuxième trimestre 2022. De nombreuses options permettent de personnaliser le 718 Cayman GT4 RS. Le catalogue comprend le pack Weissach. Facturée 15 948 euros en France, cette finition se distingue par le capot avant, les entrées d'air d'admission et de refroidissement, le carter de la boîte à air, la coque des rétroviseurs extérieurs et l'aileron arrière traités en carbone apparent. Les sorties d'échappement en titane évoquant celles de la 935, l'arceau boulonné en titane, les harnais six points, la garniture supérieure de la planche de bord en suédine et le monogramme Porsche sur la lunette arrière complètent le pack Weissach. Une déclinaison sans arceau est proposée contre un supplément de 12 708 euros.

Avec le pack Weissach, le 718 Cayman GT4 RS a droit à des baquets monoblocs dotés d'un harnais six points. (Archives Porsche AG)

Les premiers comptes rendus d'essais parus dans la presse spécialisée sont dithyrambiques. Dans le mensuel *Sport Auto*, Sylvain Vétaux ne cache pas son enthousiasme. La sonorité du flat-six qui s'appuie sur des boîtes à air participent aux sensations. "La sonorité du moteur est démente, grâce à des conduits d'admission placés pile au niveau des oreilles des occupants", écrit-il. "Atteindre le rupteur fixé à 9 000 tr/min réclame un peu d'audace. À 5 000 tr/min, sa voix s'éclaircit et les vibrations affluent. À 7 000 tr/min, les yeux se plissent. Pas en raison du punch, progressif et très supportable, mais à cause de la tournure que prennent les événements. Le conducteur ne s'entend plus penser. Sur les ultimes 1 000 tr/min, c'est toute la voiture qui entre en résonance." Il poursuit: "Le GT4 RS fera date. Sur la route, le verrouillage des débattements se mue en maintien impérial de l'assiette. Mais déceler les limites du GT4 RS sur route ouverte est impossible."
C'est sur circuit que ce modèle délivre toute l'étendue de son répertoire. "Il n'a pas le tranchant directionnel de la 911 GT3 avec ses modestes McPherson, mais il sait se montrer aussi précis que réactif." Et de conclure: "Avec le GT4 RS, le Cayman accède au caractère sauvage qui manquait à la GT3. Le pilote verra une pistarde moins précise que sa grande sœur, mais le

Le flat-six atmosphérique 4 litres de 500 ch peut tourner jusqu'à 9 000 tr/min. (Archives Porsche AG)

Le 718 Cayman GT4 RS est exclusivement disponible avec la boîte PDK à double embrayage à sept rapports. (Archives Porsche AG)

Déclinaison compétition client du 718 Cayman GT4 RS, la version Clubsport voit son poids abaissé à 1 330 kg. Ce modèle est homologué dans les épreuves d'endurance de la série SRO. (Archives Porsche AG)

Par rapport à la version routière, le RS Clubsport se distingue notamment par une lèvre aérodynamique allongée. (Archives Porsche AG)

conducteur mélomane y trouvera plus que son compte avec un comportement au-dessus de tout soupçon et une hystérie mécanique qui rendent accro."

UNE VERSION COMPÉTITION CLIENT

Au Salon de Los Angeles 2021, à côté du 718 Cayman GT4 RS, Porsche révèle sa déclinaison Clubsport destinée à la compétition. Cette version connaît un grand succès. La première génération 981 de 2016 a été produite à 425 unités. La génération suivante, qui a fait ses débuts en 2019, a séduit cinq cents amateurs de compétition. L'une des raisons de la forte demande découle des faibles coûts d'exploitation. L'utilisation d'une technologie de production en série éprouvée, combinée à des composants spécifiques à la course, réduit considérablement les coûts pour les équipes clientes. Avec la nouvelle voiture, Porsche entend préserver ces qualités tout en améliorant les performances et la facilité de pilotage. Cette nouvelle voiture a été développée pour répondre à la réglementation des épreuves d'endurance de la série SRO. Comme la version routière, le modèle Clubsport hérite du flat-six atmosphérique 4litres de la GT3 Cup. Par rapport à la précédente version GT4 Clubsport du 718 Cayman dotée du moteur de 3,8 litres, la puissance progresse de 75 ch pour atteindre 500 ch à 8 300 tr/min, ce qui représente un gain de 800 tr/min. Le régime maxi reste fixé à 9 000 tr/min. De son côté, le couple progresse de 40 N.m pour délivrer 465 N.m à 6 000 tr/min, au lieu de 6 600 tr/min auparavant. Ces performances sont notamment obtenues grâce à l'adoption d'une prise d'air optimisée.
La mécanique du nouveau RS Clubsport est associée à une transmission PDK à double embrayage à sept vitesses. Les rapports de démultiplication ont été revus et encore raccourcis par rapport au modèle précédent pour s'adapter aux contraintes du pilotage en circuit. C'est ainsi que le nouveau 718 Cayman GT4 RS Clubsport s'avère environ 2 % plus rapide que son prédécesseur. Ces progrès s'appuient sur l'expérience acquise lors des trois dernières années de gestion du précédent GT4 Clubsport.

UNE AÉRODYNAMIQUE REPENSÉE

Outre le six-cylindres 4 litres et la transmission PDK qui ont été largement revisités, le châssis bénéficie d'un grand nombre de modifications en vue d'améliorer l'agilité. Les amortisseurs sont désormais réglables dans les deux sens et les barres antiroulis avant et arrière bénéficient d'une plus grande amplitude

L'ergonomie de l'habitacle du Cayman GT4 RS Clubsport a été peaufinée en faveur du confort de pilotage. (Archives Porsche AG)

de réglages. La hauteur de la caisse est aussi réglable, tout comme le carrossage. Le refroidissement du système de freinage profite de prises d'air NACA dans le capot.

Le système de gestion de la stabilité Porsche (PSM) est conçu pour s'adapter à la compétition. Il comprend un commutateur pour le contrôle de traction (TC), l'ABS et un système de contrôle de stabilité. L'équilibre et les vitesses élevées de passage en courbe doivent aussi beaucoup à l'aérodynamique. Le bouclier avant loge une lèvre allongée et des dérives latérales. Par rapport au modèle de série, l'aileron arrière se dote d'un volet Gurney de 20 mm de long et une plage de réglages étendue.

UN COCKPIT DÉPOUILLÉ

Au niveau de la carrosserie, alors que le modèle précédent a été la première voiture de course de série à adopter des pièces de carrosserie en matériau composite de fibres naturelles renouvelables, le nouveau GT4 RS Clubsport va encore plus loin. En plus des portes et de l'aileron arrière, le capot, les ailes, les composants aérodynamiques à l'avant et le volant sont maintenant réalisés dans ce matériau. Quant à l'habitacle, il répond aux normes de sécurité d'un véhicule homologué pour la compétition. L'ergonomie a été revue, au profit du confort de pilotage. C'est ainsi que le volant à demi-jante intègre un méplat à sa base et des boutons de réglage des principales fonctions, tandis que l'écran d'instrumentation numérique affiche les principales informations nécessaires en circuit, les températures d'eau et d'huile moteur, la pression d'huile, les temps au tour...

Les voitures sont livrées avec un arceau cage de sécurité soudé à la caisse, un siège baquet Recaro équipé d'un harnais six points, un système coupe-feu et un système de levage avec trois vérins. Le réservoir d'essence affiche une contenance de 115 litres. Porsche a aussi tenu compte des normes de bruit de plus en plus draconiennes sur certains circuits en développant deux lignes d'échappement. Pour les courses d'endurance du type des 24 Heures du Nürburgring, le véhicule est également préparé pour l'intégration de phares additionnels.

23

En juin 2022, Porsche a annoncé qu'il déplaçait une partie de la production des modèles de la famille 718 dans l'usine d'Osnabrück, appartenant au groupe Volkswagen. (Archives Porsche AG)

L'ANIMATION DE LA GAMME

Au moment où il révélait ses résultats du premier semestre 2022, impactés par la crise du Covid qui sévit toujours en Chine, la pénurie de semi-conducteurs et par la guerre en Ukraine qui crée des problèmes de logistique et d'approvisionnement de certains composants, Porsche annonçait sa décision de délocaliser une partie de la production de la famille 718 dans l'usine Volkswagen d'Osnabrück, en Basse-Saxe. Cette décision découlait du besoin de préparer l'avenir et de libérer des productions dans l'usine historique de Zuffenhausen.

Au premier semestre 2022, malgré le contexte de tensions à l'échelle mondiale, Porsche a livré 145 680 véhicules, ce qui constitue une baisse de 5 % par rapport à la même période de 2021. Si les ventes progressent de 7 % en Europe, elles baissent de 10 % en Chine et aux États-Unis. Au cours de cette période, Porsche a livré 9 777 unités de modèles de la famille 718. La 911 a représenté 21 616 exemplaires.

En attendant l'arrivée des 718 électriques au milieu de la décennie 2020, Porsche poursuit l'animation de la gamme 718. Si les caractéristiques techniques n'évoluent pas, le constructeur propose au catalogue Porsche Exclusive Manufaktur le programme "Paint to Sample" se signalant par de nouveaux coloris qui ravivent les teintes vives et chatoyantes des années passées. Et l'on sait déjà que le 718 Cayman GT4 RS aura droit à sa déclinaison Boxster. Faisant déjà figure de collector, ce véhicule hors série destiné aux amateurs de conduite au grand air et de sensations fortes est prévu au dernier trimestre 2023. Héritant des principales caractéristiques techniques du coupé, ce roadster clôturera de la plus belle des manières la saga des modèles à moteur central thermique.

Sous le programme Paint to Sample, Porsche a lancé en 2022 un nouveau nuancier de couleurs évoquant celles des années passées. Ici, le vert menthe code 22R. (Archives Porsche AG)

PORSCHE 963, RETOUR EN ENDURANCE

La nouvelle réglementation LMDh pour les courses d'endurance a fait naître de nouvelles ambitions chez Porsche. Validé par le comité de direction, le nouveau programme sportif va voir l'entrée en scène à partir de la saison 2023 du prototype 963. Révélée à l'occasion du Festival of Speed de Goodwood, fin juin 2022, cette machine de course a été développée pour évoluer dans les manches des championnats WEC et IMSA. Quatre Porsche 963 seront engagées et exploitées par le Team Penske. Le constructeur allemand a fait le choix d'un châssis développé par la firme canadienne Multimatic. Les composants hybrides proviennent des équipementiers Bosch, Williams Advanced Engineering et Xtrac. Le prototype Porsche est animé par un V8 biturbo de 4,6 litres proche du bloc de la 918 Spyder.

(Archives Porsche AG)

Issu du concept Mission R, le 718 Cayman GT4 ePerformance sert de laboratoire au développement de la technologie électrique. Sa première apparition publique a eu lieu à l'occasion du Festival of Speed de Goodwood. (Archives Porsche AG)

LA 718 ÉLECTRIQUE MULTIPLIE LES TESTS

Porsche n'a pas mis longtemps à concrétiser ses intentions. Dès le mois de mai 2022, la technologie électrique révélée sur le concept Mission R de 2021 multipliait les campagnes de tests de développement sur circuit avec des prototypes. Destinés à tester le potentiel de la chaîne de traction électrique et les composants, ces véhicules laboratoire baptisés 718 Cayman GT4 ePerformance ont été produits à partir de châssis de 718 Cayman GT4 Clubsport à la carrosserie en matériaux composites élargie de 140 mm. Les ailes élargies permettent ainsi de loger des pneumatiques Michelin de 18 pouces ultra-larges. Près de six mille pièces spéciales ont été élaborées pour réaliser ces prototypes 718 Cayman GT4 ePerformance.

Comme la Mission R, ces Cayman d'un nouveau genre accueillent deux moteurs électriques de type synchrone, un par essieu. En mode qualifications, la puissance avoisine 1 000 ch. En mode course, ces voitures de course se contentent de 450 kW (612 ch). Les différentes simulations réalisées ont permis de constater que le 718 Cayman GT4 ePerformance est déjà capable de délivrer la même puissance pendant trente minutes. En matière de performances, que ce soit les temps au tour ou la vitesse maximale, le prototype électrique est déjà au niveau de la 911 GT3 Cup de la génération 992. Le système de refroidissement à huile des batteries mis au point par Porsche participe efficacement à la qualité de

la prestation. À l'issue de sa première apparition publique lors du Festival of Speed de Goodwood, en Grande-Bretagne, le 718 Cayman GT4 ePerformance a débuté une tournée internationale en vue de présenter ses performances et, sans doute, de préparer les esprits à une future Porsche Cup disputée avec des véhicules électriques de ce type.

TOUS LE
BOXS
ET CA

S MODÈLES
STER
MAN

DE 1996 À 2022

PORSCHE BOXSTER TYPE 986 (1996-2004)

Moteur : six cylindres à plat, 2 480 cm^3, 204 ch à 6 000 tr/min, boîte à cinq vitesses
Châssis : 4,32 m
Vitesse : 240 km/h, 0 à 100 km/h en 6,9 secondes
Évolution :
• Millésime 2000 : cylindrée portée à 2 687 cm^3, 220 ch à 6 400 tr/min (vitesse 250 km/h, 0 à 100 km/h en 6,6 secondes)
• Millésime 2003 : puissance de 228 ch à 6 300 tr/min (vitesse 253 km/h, 0 à 100 km/h en 6,4 secondes)

PORSCHE BOXSTER S TYPE 986 (1999-2004)

Moteur : six cylindres à plat, 3 179 cm^3, 252 ch à 6 250 tr/min, boîte à six vitesses
Châssis : 4,32 m
Vitesse : 260 km/h, 0 à 100 km/h en 5,9 secondes
Évolution :
• Millésime 2003 : puissance portée à 260 ch à 6 200 tr/min (vitesse 264 km/h, 0 à 100 km/h en 5,7 secondes)
• 2004 : modèle S 550 Spyder, 266 ch (vitesse 266 km/h, 0 à 100 km/h en 5,7 secondes)

PORSCHE BOXSTER TYPE 987 (2004-2008)

Moteur : six cylindres à plat, 2 687 cm^3, 240 ch à 6 400 tr/min, boîte à cinq vitesses (six vitesses en option)
Châssis : 4,33 m
Vitesse : 256 km/h, 0 à 100 km/h en 6,2 secondes
Évolution :
• Millésime 2007 : puissance portée à 245 ch à 6 500 tr/min (vitesse 258 km/h, 0 à 100 km/h en 6,1 secondes)

PORSCHE BOXSTER S TYPE 987 (2004-2008)

Moteur : six cylindres à plat, 3 179 cm^3, 280 ch à 6 200 tr/min, boîte à six vitesses
Châssis : 4,33 m
Vitesse : 268 km/h, 0 à 100 km/h en 5,5 secondes
Évolution :
• Millésime 2007 : puissance portée à 295 ch à 6 250 tr/min (vitesse 272 km/h, 0 à 100 km/h en 5,4 secondes)

PORSCHE CAYMAN S (2005-2008)

Moteur : six cylindres à plat, 3 386 cm^3, 295 ch à 6 250 tr/min, boîte à cinq vitesses
Châssis : 4,34 m
Vitesse : 275 km/h, 0 à 100 km/h en 5,4 secondes

PORSCHE CAYMAN (2006-2008)

Moteur : six cylindres à plat, 2 687 cm^3, 245 ch à 6 500 tr/min, boîte à cinq vitesses
Châssis : 4,34 m
Vitesse : 258 km/h, 0 à 100 km/h en 6,1 secondes

PORSCHE BOXSTER TYPE 987 II (2009-2011)

Moteur : six cylindres à plat, 2 893 cm^3, 255 ch à 6 400 tr/min, boîte à six vitesses
Châssis : 4,34 m
Vitesse : 263 km/h, 0 à 100 km/h en 5,9 secondes

PORSCHE BOXSTER S TYPE 987 II (2009-2011)

Moteur : six cylindres à plat, 3 436 cm^3, 310 ch à 6 400 tr/min, boîte à six vitesses
Châssis : 4,34 m
Vitesse : 274 km/h, 0 à 100 km/h en 5,3 secondes
Évolution :
• Série spéciale Black Edition, 3 436 cm^3, 320 ch

PORSCHE BOXSTER SPYDER (2009-2011)

Moteur : six cylindres à plat, 3 436 cm^3, 320 ch à 7 200 tr/min, boîte à six vitesses
Châssis : 4,34 m
Vitesse : 265 km/h, 0 à 100 km/h en 5,1 secondes

PORSCHE CAYMAN II (2009-2011)

Moteur : six cylindres à plat, 2 836 cm^3, 265 ch à 7 200 tr/min, boîte à six vitesses
Châssis : 4,34 m
Vitesse : 265 km/h, 0 à 100 km/h en 5,8 secondes

PORSCHE CAYMAN S II (2009-2011)

Moteur : six cylindres à plat, 3 436 cm^3, 320 ch à 7 200 tr/min, boîte à six vitesses
Châssis : 4,34 m
Vitesse : 277 km/h, 0 à 100 km/h en 5,2 secondes
Évolution :
• Millésime 2011 Cayman R, 3 436 cm^3, 330 ch, 282 km/h, 0 à 100 km/h en 5 secondes

PORSCHE BOXSTER 981 (2012-2016)

Moteur : six cylindres à plat, 2 706 cm^3, 265 ch à 6 700 tr/min, boîte à six vitesses
Châssis : 4,37 m
Vitesse : 264 km/h, 0 à 100 km/h en 5,8 secondes

PORSCHE BOXSTER S 981 (2012-2016)

Moteur : six cylindres à plat, 3 436 cm^3,
315 ch à 6 700 tr/min, boîte à six vitesses
Châssis : 4,37 m
Vitesse : 279 km/h, 0 à 100 km/h en 5,1 secondes

PORSCHE CAYMAN 981 (2012-2016)

Moteur : six cylindres à plat, 2 706 cm^3,
275 ch à 7 400 tr/min, boîte à six vitesses
Châssis : 4,38 m
Vitesse : 266 km/h, 0 à 100 km/h en 5,7 secondes

PORSCHE CAYMAN S 981 (2012-2016)

Moteur : six cylindres à plat, 3 436 cm^3,
325 ch à 7 400 tr/min, boîte à six vitesses
Châssis : 4,38 m
Vitesse : 283 km/h, 0 à 100 km/h en 5 secondes

PORSCHE BOXSTER GTS 981 (2014-2016)

Moteur : six cylindres à plat, 3 436 cm^3,
330 ch à 7 400 tr/min, boîte à six vitesses
Châssis : 4,38 m
Vitesse : 281 km/h, 0 à 100 km/h en 5,1 secondes

PORSCHE CAYMAN GTS 981 (2014-2016)

Moteur : six cylindres à plat, 3 436 cm^3,
340 ch à 7 400 tr/min, boîte à six vitesses
Châssis : 4,38 m
Vitesse : 285 km/h, 0 à 100 km/h en 4,9 secondes

PORSCHE CAYMAN GT4 (2015-2016)

Moteur : six cylindres à plat, 3 800 cm^3,
385 ch à 7 400 tr/min, boîte à six vitesses
Châssis : 4,44 m
Vitesse : 295 km/h, 0 à 100 km/h en 4,4 secondes

PORSCHE BOXSTER SPYDER (2015-2016)

Moteur : six cylindres à plat, 3 800 cm^3,
375 ch à 7 400 tr/min, boîte à six vitesses
Châssis : 4,41 m
Vitesse : 290 km/h, 0 à 100 km/h en 4,5 secondes

PORSCHE 718 BOXSTER (2016-)

Moteur : quatre cylindres à plat, 1 988 cm^3, 300 ch
à 6 500 tr/min, boîte à six vitesses
Châssis : 4,38 m
Vitesse : 275 km/h, 0 à 100 km/h en 5,1 secondes
Évolution :
- Version Boxster T

PORSCHE 718 BOXSTER S (2016-)

Moteur : quatre cylindres à plat, 2 497 cm^3,
350 ch à 6 500 tr/min, boîte à six vitesses
Châssis : 4,38 m
Vitesse : 285 km/h, 0 à 100 km/h en 4,6 secondes

PORSCHE 718 CAYMAN (2016-)

Moteur : quatre cylindres à plat, 1 988 cm^3,
300 ch à 6 500 tr/min, boîte à six vitesses
Châssis : 4,37 m
Vitesse : 275 km/h, 0 à 100 km/h en 5,1 secondes
Évolution : Version Cayman T

PORSCHE 718 CAYMAN S (2016-)

Moteur : quatre cylindres à plat, 2 497 cm^3,
350 ch à 6 500 tr/min, boîte à six vitesses
Châssis : 4,37 m
Vitesse : 285 km/h, 0 à 100 km/h en 4,6 secondes

PORSCHE 718 CAYMAN GT4 (2019-)

Moteur : six cylindres à plat, 3 995 cm^3,
420 ch à 7 600 tr/min, boîte à six vitesses
Châssis : 4,45 m
Vitesse : 304 km/h, 0 à 100 km/h en 4,4 secondes

PORSCHE 718 BOXSTER SPYDER (2019-)

Moteur : six cylindres à plat, 3 995 cm^3,
420 ch à 7 600 tr/min, boîte à six vitesses
Châssis : 4,43 m
Vitesse : 301 km/h, 0 à 100 km/h en 4,4 secondes

PORSCHE 718 CAYMAN GTS 4.0 (2020-)

Moteur : six cylindres à plat, 3 995 cm^3,
400 ch à 7 000 tr/min, boîte à six vitesses
Châssis : 4,40 m
Vitesse : 293 km/h, 0 à 100 km/h en 4,5 secondes

PORSCHE 718 BOXSTER GTS 4.0 (2020-)

Moteur : six cylindres à plat, 3 995 cm^3,
400 ch à 7 000 tr/min, boîte à six vitesses
Châssis : 4,39 m
Vitesse : 293 km/h, 0 à 100 km/h en 4,5 secondes
Évolution : Millésime 2021 Edition 25 ans

PORSCHE 718 CAYMAN GT4 RS (2021-)

Moteur : six cylindres à plat, 3 996 cm^3,
500 ch à 8 300 tr/min, boîte PDK à sept vitesses
Châssis : 4,45 m
Vitesse : 315 km/h, 0 à 100 km/h en 3,4 secondes

REMERCIEMENTS

Malgré l'activité solitaire que représente l'écriture, la réalisation d'un ouvrage est une œuvre collective. À chaque fois, elle représente une aventure qui ne pourrait pas être menée à son terme sans le concours, l'aide, les conseils et les encouragements de nombreuses personnes. Qu'ils en soient chaleureusement remerciés.

Merci en premier lieu à Detlev von Platen ; j'ai été l'un des premiers journalistes à le rencontrer lors de son arrivée en France en 1997 à la direction de Sonauto Porsche, l'importateur de la marque pour la France. Son soutien et sa disponibilité ont été sans faille. Un grand merci également à Marc Meurer, directeur général de Porsche France, et Marc Ouayoun, ex-directeur général de Porsche Canada. La réalisation du livre n'aurait pas été possible sans les contributions de Stephan Roux, le responsable des relations publiques de Sonauto Porsche à l'époque du lancement du Boxster, de Fayçal Elasri qui anime avec brio le département communication de Porsche France avec Michael Martinez. Ma gratitude s'adresse également à mon ami d'enfance Pierre Gosselin, président du club Porsche 356 France, mais également à Valentin Kaiser, qui connaît les Porsche comme personne et qui a été un précieux conseiller, Adrien Kaiser, Thomas Raffegeau, Philippe Bretille, Cyrille van Belleghem, directeur de Porsche Distribution à Vélizy, et Nadescha Vornehm, la collaboratrice de Detlev von Platen. Une mention particulière à mon père Jean-Marie Reisser qui a veillé sur le manuscrit.

Je remercie également vivement Jörg Thilow qui contribue avec talent à la gestion des archives de la maison Porsche et les photographes Bernard Asset, Karine Bricout, Joël Chassaing-Cuvillier, Thibaud Chevalier, Dominique Fontenat et Greg.

Enfin, des remerciements particuliers à Véronique Crouzy et Lise Chantelauze des éditions ETAI qui ont adhéré sans réserve au projet et qui ont su le défendre et l'accompagner avec toute la bienveillance et la rigueur qui les caractérisent.